W0270562

Fiche	Exemples d'items présents sur la fiche	Grandeurs des nombres			Opérations utilisées		
		centaines	dizaines	unités	+	−	×
1	3 + 2 ; 1 + 4 ; 7 + 3 ; 4 + 4		●	●	●		
2	4 + ... = 8 ; 2 + ... = 10 ; 9 = 4 + ...		●	●	●		
3	8 – 5 ; 7 – 4 ; 6 – 1 ; 9 – 4		●	●		●	
4	8 – 3 ; 6 + 3 ; 10 – 7 ; 3 + 3		●	●	●	●	
5	7 + 7 ; 8 + 6 ; 10 + 3 ; 9 + 5		●	●	●		
6	4 + 2 + 8 ; 3 + 5 + 7 ; 9 + 5 + 5		●	●	●		
7	8 + 8 + 1 ; 6 + 5 + 6 ; 7 + 3 + 7		●	●	●		
8	17 – 2 ; 15 – 3 ; 13 – 5 ; 19 – 10		●	●		●	
9	7 + 6 ; 19 – 5 ; 9 + 4 ; 16 – 6		●	●	●	●	
10	20 + 10 ; 60 + 30 ; 30 + 40 + 10		●	●	●		
11	90 – 50 ; 50 – 30 ; 70 – 60		●	●		●	
12	35 + 40 ; 50 + 7 ; 15 + 40 + 20		●	●	●		
13	84 – 60 ; 48 – 10 ; 61 – 20		●	●		●	
14	20 + ... = 90 ; ... + 8 = 58 ; 80 = 50 + ...		●	●	●		
15	20 + 48 ; 50 + 24 ; 92 – 30 ; 2 + 60		●	●	●	●	
16	31 + 14 ; 32 + 35 ; 21 + 57		●	●	●		
17	... + 70 = 78 ; 19 + ... = 21 ; 99 = 96 + ...		●	●	●		
18	29 + 18 ; 27 + 27 ; 14 + 37		●	●	●		
19	51 – 4 ; 62 – 6 ; 73 – 7		●	●		●	
20	70 + ... = 100 ; 100 = 20 + 70 + ...	●	●	●	●		
21	60 + 610 ; 500 + 70 ; 490 + 40	●	●	●	●		
22	220 + ... = 300 ; 500 = 420 + ...	●	●	●	●		
23	50 + 926 ; 906 + 70 ; 200 + 368	●	●	●	●		
24	466 – 50 ; 355 – 100 ; 816 – 400	●	●	●		●	
25	90 + 413 ; 395 + 50 ; 483 + 20	●	●	●	●		
26	161 + 6 ; 4 + 144 ; 155 + 4	●	●	●	●		
27	266 – 4 ; 154 – 1 ; 59 – 8	●	●	●		●	
28	44 + 9 ; 377 + 9 ; 137 + 29 ; 47 + 19	●	●	●	●		
29	48 – 9 ; 658 – 9 ; 243 – 9 ; 523 – 9	●	●	●		●	
30	2 × 6 ; 6 × 2 ; 3 × 8 ; 3 + 3 + 3 + 3		●	●	●		●
31	4 × 8 ; 8 × 4 ; 5 × 5 ; 4 + 4 + 4		●	●	●		●
32	... × 2 = 6 ; ... × 7 = 35 ; 40 = 10 × ...		●	●			●
33	2 × 1 ; 4 × 6 ; 3 × 8 ; 10 × 2		●	●			●
34	6 × 6 ; 6 × 7 ; 5 × 9 ; 9 × 8		●	●			●
35	100 = 25 × ... ; ... × 34 = 340 ; ... × 3 = 75	●	●	●			●
36	3 × 19 ; 5 × 11 ; 15 × 4 ; 3 × 14		●	●			●
37	double de 11 ; 15 + 15 ; 2 × 7		●	●	●		●
38	double de 50 ; moitié de 40 ; 8 + 8 ; 2 × 25	●	●	●	●		●
39	moitié de 880 ; double de 250 ; 110 + 110	●	●	●	●		●
40	45 = 5 ★ 9 ; 600 ★ 40 = 640 ; 52 ★ 8 = 44	●	●	●	●	●	●

© MDI, 2024 • *Fichier coloriages magiques, Calcul mental CE1.*

TABLEAU DE CORRESPONDANCE AVEC LE PROGRAMME 2024

PROGRAMME 2024 Calcul mental CE1	FICHES CORRESPONDANTES
Mémoriser des faits numériques	
Connaitre dans les deux sens les tables d'addition.	**Fiche 1** Additionner des petits nombres (résultat inférieur ou égal à 10) **Fiche 2** Trouver le complément d'un nombre inférieur ou égal à 10 **Fiche 3** Soustraire un nombre à un nombre inférieur ou égal à 10 **Fiche 4** Ajouter ou soustraire un nombre inférieur à 10 **Fiche 5** Additionner deux nombres (résultat inférieur ou égal à 20) **Fiche 6** Additionner trois nombres en utilisant le complément à 10 **Fiche 7** Additionner trois nombres en regroupant les doubles **Fiche 8** Soustraire un nombre à un nombre inférieur ou égal à 20 **Fiche 9** Ajouter ou soustraire un nombre inférieur à 20
Connaitre dans les deux sens les tables de multiplication.	**Fiche 30** Connaitre les tables de multiplication de 2 et 3 **Fiche 31** Connaitre les tables de multiplication de 4 et 5 **Fiche 32** Connaitre les tables de multiplication de 2, 5 et 10 **Fiche 33** Connaitre les tables de multiplication de 2, 3, 4, 5 et 10 **Fiche 34** Connaitre les tables de multiplication de 6, 7, 8 et 9
Connaitre des faits multiplicatifs usuels.	**Fiche 35** Multiplier des nombres supérieurs à 10 (par 2, 10, 25...) **Fiche 37** Connaitre des petits doubles de 1 à 15 **Fiche 38** Connaitre des doubles et des moitiés usuels (jusqu'à 100) **Fiche 39** Connaitre des doubles et des moitiés usuels (jusqu'à 1 000)
Utiliser ses connaissances en numération pour calculer mentalement	
Ajouter ou soustraire un nombre entier de dizaines à un nombre. Ajouter ou soustraire un nombre entier de centaines à un nombre.	**Fiche 10** Additionner des dizaines entières **Fiche 11** Soustraire des dizaines entières (à un nombre de dizaines entières) **Fiche 12** Ajouter des dizaines entières à un nombre **Fiche 13** Soustraire des dizaines entières à un nombre **Fiche 14** Trouver le complément de dizaines pour atteindre un résultat donné **Fiche 15** Ajouter ou soustraire des unités ou dizaines entières (sans passage à la dizaine inférieure ou supérieure) **Fiche 20** Trouver le complément à 100 (dizaines entières) **Fiche 21** Additionner des centaines et dizaines entières **Fiche 22** Compléter une écriture additive pour atteindre la centaine supérieure (avec ajout de dizaines entières) **Fiche 23** Ajouter des centaines et/ou dizaines entières à un nombre **Fiche 24** Soustraire des centaines ou dizaines entières à un nombre **Fiche 25** Ajouter des dizaines à un nombre (avec passage à la centaine supérieure)
Multiplier par 10 un nombre inférieur à 100.	**Fiche 35** Multiplier des nombres supérieurs à 10 (par 2, 10, 25...)
Apprendre des procédures de calcul mental	
Ajouter 9, 19 ou 29 à un nombre.	**Fiche 28** Ajouter 9, 19 ou 29 à un nombre
Soustraire 9 à un nombre.	**Fiche 29** Soustraire 9 à un nombre
Ajouter un nombre inférieur à 9 à un nombre. *(rebrassage compétence CP)*	**Fiche 17** Compléter une écriture additive avec un nombre à 1 chiffre pour atteindre un résultat donné **Fiche 26** Ajouter des unités à un nombre (sans passage à la dizaine supérieure)
Soustraire un nombre inférieur à 9 à un nombre.	**Fiche 15** Ajouter ou soustraire des unités ou dizaines entières (sans passage à la dizaine inférieure ou supérieure) **Fiche 19** Soustraire des unités à un nombre inférieur à 100 (avec passage à la dizaine inférieure) **Fiche 27** Soustraire des unités à un nombre (sans passage à la dizaine inférieure)
Ajouter deux nombres inférieurs à 100. *(rebrassage compétence CP)*	**Fiche 16** Additionner deux nombres inférieurs à 100 (sans passage à la dizaine supérieure) **Fiche 18** Additionner deux nombres inférieurs à 100 (avec passage à la dizaine supérieure)
Déterminer la moitié d'un nombre pair.	**Fiche 39** Connaitre des doubles et des moitiés usuels (jusqu'à 1 000)
Calculer le produit d'un nombre compris entre 11 et 19 par un nombre inférieur à 10 en décomposant le plus grand des deux facteurs en la somme de deux nombres (propriété de distributivité).	**Fiche 36** Multiplier un nombre compris entre 11 et 19 par un nombre inférieur à 10
Compétence transverse	**Fiche 40** Identifier le signe manquant dans une opération

© MDI, 2024 • *Fichier coloriages magiques, Calcul mental CE1.*

SOMMAIRE • Coloriages magiques - Calcul mental CE1

© MDI, 2024 • *Fichier coloriages magiques, Calcul mental CE1.*

CE1

BETTY ARCHENAULT

Illustrations de Sophie Marie

Coloriages magiques

CALCUL MENTAL

Programme 2024

éditions mdi

Coloriages magiques

LE FICHIER **CALCUL MENTAL CE1** EN 10 QUESTIONS !

Qu'est-ce qu'un coloriage magique ? C'est avant tout un coloriage. Mais sa spécificité provient du fait qu'il n'est pas colorié en fonction de l'aperçu du dessin : **c'est un codage associant une couleur à un contenu** qui impose la couleur dans les différentes cases. Le coloriage est « magique » parce que **le dessin, initialement caché, ne se dévoile qu'une fois qu'il est colorié**.

Le fichier *Calcul mental CE1* propose, à partir de ce principe, un ensemble structuré s'appuyant sur **une progression rigoureuse**. Cet outil offre, au travers des 40 fiches coloriages qu'il contient, un **entrainement progressif et complet au calcul mental, élaboré en suivant le nouveau programme 2024**. Conçu pour compléter les apprentissages en calcul mental menés en classe de CE1, ce support pédagogique a pour but l'entrainement, le réinvestissement des connaissances et vise l'automatisation des procédures de calcul mental enseignées, via un outil rassurant pour l'élève. Il offre ainsi une activité ludique pour **s'entrainer au calcul mental de manière intensive.**
Les fiches de travail sont épurées, faciles à appréhender pour l'élève. Les consignes, répétitives, en font un outil de travail idéal pour des temps d'autonomie en classe.

1 Que contient ce fichier photocopiable ?

- **40 fiches coloriages magiques** ;
- **2 fiches « joker » (coloriages magiques vierges)** ;
- **Un sommaire visuel avec une progression** des compétences visées, des repères pour l'enseignant-e (type d'opération et champ numérique utilisé ; exemples de calculs proposés dans chaque fiche) ;
- **Un accompagnement pédagogique** pour l'enseignant-e (présentation de l'outil, modalités d'utilisation en classe, liste des compétences et enjeux de chaque fiche coloriage) ;
- **Des ressources en plus à photocopier** (référent couleurs, fiche de suivi pour l'élève, tableau de suivi pour l'enseignant-e).

Le fichier est accompagné de **40 calques transparents correctifs** (*cf.* p. 9) inclus dans la pochette. Ce système, qui a été testé en classe, permet une correction visuelle rapide du travail de l'élève et donc un gain de temps pour l'enseignant-e.

2 Dans quel cadre peut-on proposer ces coloriages ?

Clé en main et très souple d'utilisation, ce fichier pourra aisément s'adapter à la pratique et à la situation de classe de chaque enseignant-e, qui pourra utiliser ce fichier selon **sa progression** (en entrainement ou en consolidation), ou selon **les besoins de chaque élève** (différenciation, remédiation, aide personnalisée) et **l'organisation de sa classe** (individuel, ateliers, accompagné ou en autonomie). Ce support ludique pourra également être proposé lors d'un moment de transition (lorsqu'un élève a fini son travail en cours, par exemple).

3 Quels sont les intérêts pédagogiques du coloriage magique ?

Le coloriage magique présente de nombreux intérêts pédagogiques :

- C'est **un support motivant**. Les dessins proposés, parfaitement dissimulés, ne se révèleront qu'après coloriage, dans le respect du codage présent sur chaque fiche. L'identification finale de l'objet représenté récompense les efforts et apporte une satisfaction de réussite esthétique et intellectuelle.
- L'approche ludique fait du coloriage magique **un support rassurant** mettant en confiance les élèves, qui y voient une activité amusante et stimulante.
- Il permet de **travailler de manière répétitive une ou des compétences spécifiques**. Cette apparence « récréative » permet donc **un entrainement intensif** – qui, sous une forme plus traditionnelle (listes d'opérations à faire) pourrait être un travail fastidieux pour certains élèves.
- L'alternance régulière entre moments de réflexion et concentration (calculs) et moments de « repos » (coloriage) permet un équilibre de l'esprit : **les élèves peuvent s'engager plus longtemps dans l'activité**, sans fatigue ni saturation. En effet, ce support permet de consolider l'apprentissage des faits numériques, l'utilisation des connaissances en numération ainsi que les procédures de calcul mental enseignées. Chaque élève peut donc **avancer en confiance et à son rythme** dans son travail.
- Il permet de **réinvestir des connaissances et des stratégies efficaces vues précédemment avec l'enseignant-e** : par exemple, retrancher 10 puis ajouter 1 pour soustraire 9 à un nombre (compétence travaillée sur la fiche 29). Le nombre très important de calculs présents sur chaque fiche (la plupart du temps, entre 55 et 75 opérations par fiche) entraine l'élève à aller plus vite, vers une automatisation (fluence de calcul).
- Il favorise **le développement de compétences transversales,** telles que **l'autonomie, la concentration** (les élèves doivent faire attention aux détails) et **le respect des règles données** pour la réalisation. Le nombre d'opérations conséquents demande à l'élève **une organisation de son temps de travail**. Il développe, en outre, **des capacités de motricité fine** (contrôle du geste graphique). Lorsqu'ils colorient un espace à la fois, les élèves sont plus susceptibles de colorier proprement et de soigner leur production. Le souci d'un résultat esthétique et le plaisir d'identifier le dessin conduira l'élève à **un effort sur le soin** apporté au coloriage.

4 Pourquoi ce choix graphique pour les coloriages ?

Les illustrations sont un élément central (et incontournable !) du coloriage magique. Les 42 illustrations de ce fichier sont **des dessins stylisés composés de lignes droites et de formes géométriques**. Cela permet de limiter les détails et de les rendre non identifiables, ce qui

motivera l'élève à en faire la découverte en coloriant afin de reconnaitre l'image cachée. Les thématiques des illustrations sont très variées (animaux, aliments, sports, personnages, paysages...) volontairement, afin de surprendre l'élève d'un coloriage à l'autre.
Sur toutes les fiches, la dimension du coloriage est identique (19,5 x 13,5 cm) : ce choix de format est équilibré car, plus réduit que le A4, il implique tout de même **un temps de travail assez conséquent pour faire le coloriage**. La surface à colorier diffère d'une case à l'autre (certaines sont plus petites, d'autres plus étendues) et leurs formes sont très variées. Les cases qui doivent rester blanches sur le dessin finalisé sont vides : elles ne contiennent donc pas d'items (opération ou autre).

5 Comment la progression est-elle construite ?

La progression en calcul mental (p. 2-3) a été élaborée de manière réfléchie et cohérente, **en conformité avec le nouveau programme 2024**. Découpée en compétences, elle suit une logique « pratique » quant à l'ordre proposé (champ numérique de plus en plus grand au fil des fiches, fiches sur les multiplications placées après les fiches avec des additions et des soustractions...). Des notions générales englobant plusieurs fiches (manipuler des centaines et dizaines entières, ajouter ou soustraire un nombre inférieur à 1 000...) servent de repères pour que **l'enseignant-e puisse évaluer au mieux les fiches en lien avec sa propre progression**, à un moment donné.
Un **tableau de correspondance avec le programme 2024 est proposé** en page 4 du fichier. Ce tableau est organisé en reprenant les trois grands axes énoncés pour le calcul mental *(Mémoriser des faits numériques, Utiliser ses connaissances en numération pour calculer mentalement, Apprendre des procédures de calcul mental)*. Au sein de chaque axe, les compétences sont listées telles qu'elles apparaissent dans les programmes, et les fiches coloriages magiques correspondantes (travaillant la compétence indiquée) leur sont associées.

6 Comment se présentent les fiches ?

Les fiches coloriages magiques sont **explicites et volontairement épurées**, pour permettre aux élèves de se les approprier facilement. Après une phase de découverte collective, elles peuvent être utilisées **en complète autonomie**. Toutes construites sur la même structure, elles se composent des rubriques et éléments suivants :
① **Le numéro de la fiche.**
② **L'endroit où l'élève écrit son prénom et la date.**
③ **La consigne de l'activité.**
④ **Le codage :** chaque couleur est associée à un résultat ou à une réponse possible. Selon les fiches, le codage comprend entre 4 et 8 couleurs. Les encadrés du codage contiennent des illustrations de crayons, qui pourront être coloriés, en s'aidant au besoin du référent couleurs (p. 20).

⑤ Le dessin à colorier : il s'agit d'un dessin stylisé, non identifiable avant coloriage. Chaque case fermée par un contour contient un item (opération, opération à trou…).
⑥ La rubrique « Que vois-tu sur ce coloriage ? » : une fois que le coloriage est terminé, le dessin apparait et l'élément représenté sur l'image peut être identifié par l'élève. Cette question incite l'enfant à analyser le dessin et à finaliser son travail.

Partie réservée à l'enseignant-e :
⑦ L'objectif de la fiche : la compétence travaillée est indiquée sur la fiche.
⑧ L'appréciation : une case est réservée pour une appréciation positive et valorisante : les progrès et les réussites des élèves, notifiés et récompensés par les encouragements ou félicitations de l'enseignant-e « sont des facteurs essentiels pour entretenir l'estime de soi, la motivation et la dynamique de progrès des élèves » (Programme 2024). L'enseignant-e pourra la remplir en utilisant ses propres outils de classe (tampon, vignettes pour valoriser le travail, le soin…).

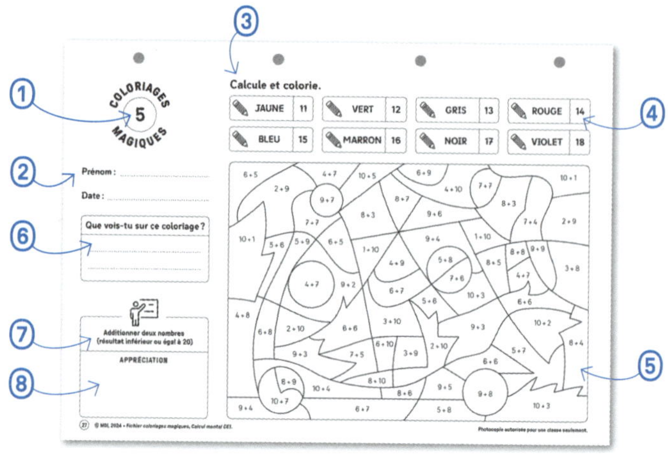

7 Comment faire découvrir les fiches aux élèves ?

Il convient, dans un premier temps, d'accompagner les élèves dans leur découverte d'une ou plusieurs fiches, pour qu'ils puissent par la suite travailler sur ce support de manière autonome.

- **Expliquer les éléments de la page** (numéro de la fiche, consigne, codage, dessin « invisible », rubrique « Que vois-tu sur ce coloriage ? »).
- **Expliquer ou rappeler le fonctionnement d'un coloriage magique :** dans chaque case du dessin se trouve une opération qu'il faut résoudre. C'est le résultat de cette opération (ou le terme manquant, dans le cas d'une opération à trou) qui déterminera la couleur à appliquer dans la case.

Lorsque l'activité du coloriage magique est introduite pour la première fois, l'enseignant-e peut prévoir de **distribuer le référent couleurs** (p. 20) à colorier en groupe-classe, avec vérification collective. Celui-ci pourra être conservé par les élèves pour leurs prochains coloriages.

- **Connaitre l'objectif pédagogique de la fiche :** identifier les connaissances nécessaires pour résoudre les opérations (additions, soustractions, avec ou sans retenue…).
- **Comprendre l'intérêt du visuel :** le dessin apparaitra clairement si l'ensemble des réponses sont correctes, c'est à dire si chaque case est coloriée de la bonne couleur (compétence mathématique), et si le coloriage est uniforme et respecte bien les contours des cases, sans dépasser (motricité fine). Définir vos attentes à l'avance selon les difficultés des enfants.
- **Relever des critères de réussite :** la liste des codages possibles est prédéfinie pour chaque fiche. Si le résultat obtenu ne figure pas dans les codages, il est nécessaire de revoir son opération. De même la cohérence du dessin final valide ou non la justesse des calculs effectués.

8 Est-il possible de faire de la différenciation ?

De manière générale, le coloriage magique est lui-même un support privilégié pour un **travail différencié** au sein d'une classe (remédiation, aide personnalisée ou mise à disposition des élèves qui ont fini leur travail).
Le gout pour le coloriage, les capacités motrices ou le rythme de travail diffèrent d'un enfant à l'autre. Un enfant peut donc dans certains cas être dans l'impossibilité de terminer un coloriage, auquel cas il sera demandé au préalable de **colorier au minimum les opérations de chaque case** (au lieu de colorier la case entière). La correction sera néanmoins facilitée avec le calque correctif.
Si l'enseignant-e souhaite **différencier au niveau des compétences travaillées** ou des items proposés dans les cases, il pourra alors utiliser les **fiches « joker » (coloriages magiques vierges)** proposées en fin de fichier. Ces fiches permettent un codage personnalisé, qui peut ainsi servir à créer un contenu parfaitement adapté à la progression de la classe ou à des élèves en difficulté pour lesquels la consolidation d'une compétence spécifique serait bénéfique.

9 Comment l'enseignant-e corrige et évalue le travail de l'élève ?

Le fichier *Calcul mental CE1* contient **40 calques transparents correctifs.** En déposant le calque correspondant sur le coloriage produit par l'élève, les couleurs de la fiche coloriée apparaissent dans les zones ajourées du calque (rectangles transparents). Ce dispositif permet **une correction pratique et un gain de temps.** Selon la qualité du coloriage et/ou la quantité de réponses obtenues (fiches réalisées partiellement), le calque correctif permettra tout de même une correction rapide. Ces calques peuvent être mis à la disposition des élèves afin d'effectuer eux-mêmes une autocorrection de leur travail. **L'appréciation positive et bienveillante** tiendra surtout compte de l'effort fourni et de la progression de l'élève tant sur le plan des compétences mathématiques que sur l'aspect visuel du coloriage.
Des tableaux de suivi sont proposés en p. 17-19 du fichier. Ils permettront, pour l'élève et pour l'enseignant-e, d'avoir une vision sur l'ensemble de l'année scolaire du travail en calcul mental réalisé grâce aux coloriages magiques (compétences révisées et maitrisées).

10 Comment l'élève peut-il s'auto-évaluer ?

La cohérence du dessin obtenu apporte déjà à l'élève des indications quant à la justesse de ses réponses. La recherche de l'élément vu sur le coloriage (« Que vois-tu sur ce coloriage ? ») incite l'enfant à identifier le dessin. Généralement, la production de l'élève permet **une correction visuelle aisée**, à l'aide des calques correctifs.

COMPÉTENCES ET ENJEUX PÉDAGOGIQUES DES FICHES

① LES CADEAUX

Compétence : Additionner des petits nombres (résultat ≤ à 10). Ex. : 3 + 2 ; 1 + 4

Description du coloriage : Il s'agit de trois cadeaux enrubannés.

Nombre de cases du coloriage : 72 cases

Résultats des additions compris entre : 0 et 10

Enjeux pédagogiques : Ce coloriage permet de renforcer les connaissances et la mémorisation de calculs additifs. L'enfant mémorise et se familiarise avec des additions simples.

② LA COUPE DE GLACE

Compétence : Trouver le complément d'un nombre ≤ à 10. Ex. : 4 + ... = 8 ; 2 + ... = 10

Description du coloriage : Il s'agit d'une coupe avec des boules de glace, un biscuit, un fruit rouge et un coulis de chocolat.

Nombre de cases du coloriage : 69 cases

Résultats des additions à trous compris entre : 0 et 10

Enjeux pédagogiques : Ce coloriage permet de se familiariser avec les écritures additives et implicitement avec la soustraction.

③ LE TOUCAN

Compétence : Soustraire un nombre à un nombre ≤ à 10. Ex. : 8 – 5 ; 7 – 4

Description du coloriage : Il s'agit d'un toucan entouré de végétation.

Nombre de cases du coloriage : 64 cases

Résultats des soustractions compris entre : 0 et 10

Enjeux pédagogiques : Ce coloriage permet de renforcer les connaissances de la soustraction sur des petits nombres. L'enfant mémorise et se familiarise avec des soustractions simples.

④ LE PARAPLUIE

Compétence : Ajouter ou soustraire un nombre < à 10. Ex. : 8 – 3 ; 6 + 3

Description du coloriage : Il s'agit d'un parapluie dans un ciel nuageux.

Nombre de cases du coloriage : 66 cases

Résultats des opérations compris entre : 0 et 10

Enjeux pédagogiques : Ce coloriage permet d'acquérir de l'aisance et de renforcer ses connaissances en jonglant entre les deux opérations vues précédemment.

⑤ LA TROTTINETTE

Compétence : Additionner deux nombres (résultat ≤ à 20). Ex. : 7 + 7 ; 8 + 6

Description du coloriage : Il s'agit d'une personne sur sa trottinette.

Nombre de cases du coloriage : 63 cases

Résultats des additions compris entre : 10 et 20

Enjeux pédagogiques : Ce coloriage permet de renforcer la mémorisation de la table d'addition de 1 à 10.

⑥ LES CHAUSSETTES

Compétence : Additionner trois nombres en utilisant le complément à 10. Ex. : 4 + 2 + 8 ; 3 + 5 + 7

Description du coloriage : Il s'agit de deux chaussettes colorées.

Nombre de cases du coloriage : 54 cases

Résultats des additions compris entre : 10 et 20

Enjeux pédagogiques : Dans ce coloriage, l'enfant utilise une procédure experte pour additionner trois nombres. Il regroupe deux termes pour faire 10, afin de faciliter son calcul.

 © MDI, 2024 • *Fichier coloriages magiques, Calcul mental CE1.*

⑦ LE BALLON DE FOOT

Compétence : Additionner trois nombres en regroupant les doubles. Ex. : 8 + 8 + 1 ; 6 + 5 + 6
Description du coloriage : Il s'agit d'un ballon de foot posé au sol.
Nombre de cases du coloriage : 61 cases
Résultats des additions compris entre : 10 et 20
Enjeux pédagogiques : Dans ce coloriage, l'enfant utilise une procédure experte pour additionner trois nombres. Il regroupe les doubles, afin de faciliter son calcul.

⑧ LES 3 PETITS COCHONS

Compétence : Soustraire un nombre à un nombre ≤ à 20. Ex. : 17 – 2 ; 15 – 3
Description du coloriage : Il s'agit des trois petits cochons du conte. En arrière-plan, on reconnait leurs trois maisons : en paille, en bois et en briques.
Nombre de cases du coloriage : 74 cases
Résultats des soustractions compris entre : 0 et 20
Enjeux pédagogiques : Ce coloriage permet de renforcer ses acquisitions. Comme dans la fiche 3, l'enfant effectue des petits retraits, mais sur des nombres plus grands.

⑨ LE GÂTEAU D'ANNIVERSAIRE

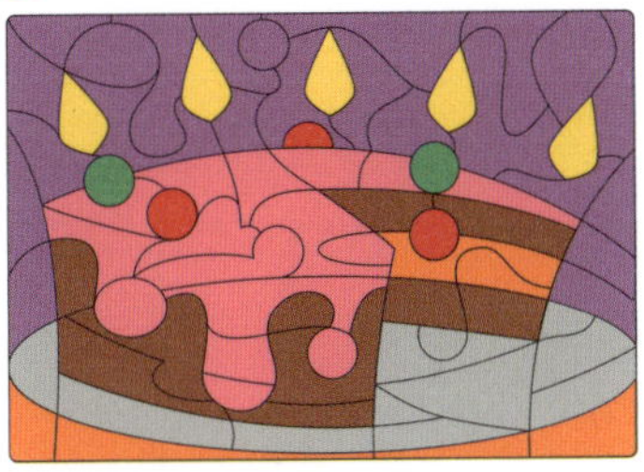

Compétence : Ajouter ou soustraire un nombre < à 20. Ex. : 7 + 6 ; 19 – 5
Description du coloriage : Il s'agit d'un gâteau d'anniversaire avec des bougies et des fruits confits, posé sur un plat.
Nombre de cases du coloriage : 76 cases
Résultats des opérations compris entre : 0 et 20
Enjeux pédagogiques : Ce coloriage permet d'acquérir de l'aisance et d'automatiser peu à peu des résultats en jonglant entre les deux opérations vues précédemment.

⑩ LA GONDOLE

Compétence : Additionner des dizaines entières. Ex. : 20 + 10 ; 60 + 30
Description du coloriage : On y voit un gondolier près d'un pont, avec une ville (Venise) en arrière-plan.
Nombre de cases du coloriage : 58 cases
Résultats des additions compris entre : 20 et 90
Enjeux pédagogiques : Dans ce coloriage, l'enfant additionne de 2 à 4 nombres de dizaines entières dont la somme est ≤ à 100.

⑪ LA FÉE

Compétence : Soustraire des dizaines entières (à un nombre de dizaines entières). Ex. : 90 – 50 ; 50 – 30
Description du coloriage : Il s'agit d'une fée avec sa baguette magique.
Nombre de cases du coloriage : 72 cases
Résultats des soustractions compris entre : 10 et 80
Enjeux pédagogiques : Dans ce coloriage, l'enfant se familiarise avec la soustraction de dizaines entières sur des nombres de dizaines entières.

⑫ LES MAKIS ET SUSHIS

Compétence : Ajouter des dizaines entières à un nombre. Ex. : 35 + 40 ; 50 + 7
Description du coloriage : Il s'agit d'un plateau de makis et sushis. L'un des makis est trempé dans la sauce avec des baguettes.
Nombre de cases du coloriage : 69 cases
Résultats des additions compris entre : 40 et 90
Enjeux pédagogiques : Ce coloriage permet d'acquérir de l'aisance quant à l'ajout de dizaines entières sur un nombre pourvu d'unités.

13 LE CRABE

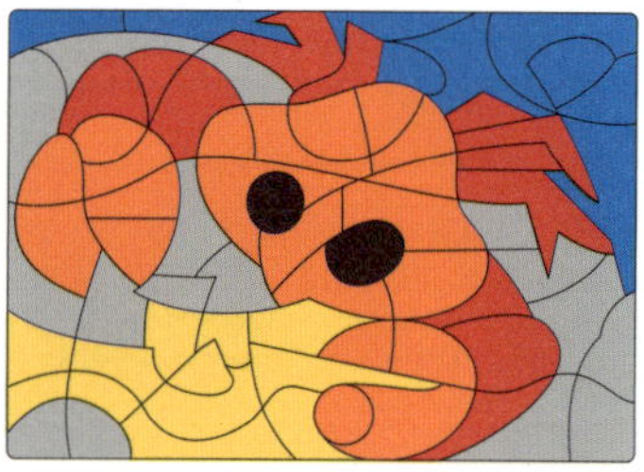

Compétence : Soustraire des dizaines entières à un nombre.
Ex. : 84 – 60 ; 48 – 10
Description du coloriage : Il s'agit d'un crabe sur un rocher.
Nombre de cases du coloriage : 73 cases
Résultats des soustractions compris entre : 20 et 50
Enjeux pédagogiques : Dans ce coloriage, l'enfant se familiarise avec le retrait de dizaines entières sur un nombre pourvu d'unités.

14 LA LICORNE

Compétence : Trouver le complément de dizaines pour atteindre un résultat donné. Ex. : 20 + ... = 90 ; .... + 8 = 58
Description du coloriage : C'est une licorne avec sa corne et sa crinière.
Nombre de cases du coloriage : 59 cases
Résultats des additions à trous compris entre : 10 et 80 pour les items à compléter ; 0 et 100 pour le champ numérique.
Enjeux pédagogiques : Ce coloriage permet de se familiariser avec l'ajout de dizaines entières, et de connaitre dans les deux sens ces écritures additives.

15 LA VOITURE

Compétence : Ajouter ou soustraire des unités ou dizaines entières (sans passage à la dizaine inférieure ou supérieure). Ex. : 20 + 48 ; 98 – 20
Description du coloriage : C'est une voiture avec des bagages.
Nombre de cases du coloriage : 92 cases
Résultats des opérations compris entre : 40 et 90
Enjeux pédagogiques : Ce coloriage permet de renforcer des procédures de calcul additifs ou soustractifs et d'acquérir de l'aisance dans l'ajout ou le retrait de nombres.

16 LE HAMBURGER

Compétence : Additionner deux nombres < à 100 (sans passage à la dizaine supérieure). Ex. : 31 + 14 ; 32 + 35
Description du coloriage : Il s'agit d'un hamburger.
Nombre de cases du coloriage : 74 cases
Résultats des additions compris entre : 20 et 80
Enjeux pédagogiques : Ce coloriage permet de renforcer des stratégies sur la décomposition des nombres pour ajouter les dizaines entre elles et les unités entre elles.

17 L'ESCARGOT

Compétence : Compléter une écriture additive avec un nombre à 1 chiffre pour atteindre un résultat donné. Ex. : .... + 70 = 78 ; 19 + ... = 21
Description du coloriage : Il s'agit d'un escargot.
Nombre de cases du coloriage : 57 cases
Résultats des additions à trous compris entre : 0 et 10 pour les items à compléter ; 0 et 100 pour le champ numérique.
Enjeux pédagogiques : L'élève complètera les écritures additives en utilisant des stratégies selon la situation, dont le passage par la dizaine intermédiaire (Ex. : pour l'item 19 + ... = 21 → 19 + **1** = 20 → 20 + **1** = 21).

18 LES CHAMPIGNONS

Compétence : Additionner deux nombres < à 100 (avec passage à la dizaine supérieure). Ex. : 29 + 18 ; 27 + 27
Description du coloriage : Il s'agit de deux champignons.
Nombre de cases du coloriage : 72 cases
Résultats des additions compris entre : 20 et 60
Enjeux pédagogiques : Ce coloriage permet de se familiariser avec les stratégies de décomposition pour ajouter les dizaines entre elles et les unités entre elles avec constitution d'une nouvelle dizaine.

© MDI, 2024 • *Fichier coloriages magiques, Calcul mental CE1.*

19 LE CAMPING

Compétence : Soustraire des unités à un nombre < à 100 (avec passage à la dizaine inférieure). Ex. : 51 – 4 ; 62 – 6
Description du coloriage : Il s'agit d'une tente près d'un feu de camp, avec des montagnes en arrière-plan.
Nombre de cases du coloriage : 69 cases
Résultats des soustractions compris entre : 30 et 80
Enjeux pédagogiques : Dans ce coloriage, l'élève effectue des retraits en utilisant la dizaine entière inférieure pour étayer son calcul.

20 L'ILE

Compétence : Trouver le complément à 100 (dizaines entières). Ex. : 70 + ... = 100 ; 100 = 20 + 70 + ...
Description du coloriage : Il s'agit d'une ile avec son palmier.
Nombre de cases du coloriage : 56 cases
Résultats des additions à trous compris entre : 10 et 80 pour les items à compléter ; 10 et 100 pour le champ numérique.
Enjeux pédagogiques : Ce coloriage permet de manipuler les écritures additives de 100 en dizaines entières. L'enseignant-e pourra pointer que toutes les écritures additives mènent au même résultat (100).

21 LA TARTINE DE CONFITURE

Compétence : Additionner des centaines et dizaines entières. Ex. : 60 + 610 ; 500 + 70
Description du coloriage : Il s'agit d'une tartine avec un couteau et un pot de confiture.
Nombre de cases du coloriage : 66 cases
Résultats des additions compris entre : 300 et 700
Enjeux pédagogiques : Ce coloriage permet d'acquérir de l'aisance dans l'ajout de dizaines ou de centaines entières entre elles.

22 LE DENTIFRICE

Compétence : Compléter une écriture additive pour atteindre la centaine supérieure (avec ajout de dizaines entières). Ex. : 220 + ... = 300 ; 500 = 420 + ...
Description du coloriage : Il s'agit d'une brosse à dents avec un dentifrice et un gobelet.
Nombre de cases du coloriage : 59 cases
Résultats des additions à trous compris entre : 20 et 90 pour les items à compléter ; 100 et 1 000 pour le champ numérique.
Enjeux pédagogiques : Ce coloriage permet d'acquérir de l'aisance pour compléter un nombre entier de centaines.

23 LES LÉGUMES

Compétence : Ajouter des centaines et/ou dizaines entières à un nombre. Ex. : 50 + 926 ; 906 + 70
Description du coloriage : Il s'agit de légumes (une carotte, un brocoli et une aubergine).
Nombre de cases du coloriage : 58 cases
Résultats des additions compris entre : 500 et 1 000
Enjeux pédagogiques : Ici, l'élève renforce ses compétences en ajoutant un nombre entier de centaines et/ou de dizaines à un nombre donné.

24 LE LION

Compétence : Soustraire des centaines ou dizaines entières à un nombre. Ex. : 466 – 50 ; 355 – 100
Description du coloriage : Il s'agit d'un lion couché sur un rocher.
Nombre de cases du coloriage : 61 cases
Résultats des soustractions compris entre : 200 et 500
Enjeux pédagogiques : Ici, l'enfant se familiarise avec le retrait de centaines ou de dizaines entières sur un nombre pourvu d'unités.

25 LE SOUS-MARIN

Compétence : Ajouter des dizaines à un nombre (avec passage à la centaine supérieure). Ex. : 90 + 413 ; 395 + 50
Description du coloriage : Il s'agit d'un sous-marin sous l'eau.
Nombre de cases du coloriage : 54 cases
Résultats des additions compris entre : 400 et 600
Enjeux pédagogiques : Dans ce coloriage, l'élève utilisera une procédure experte en passant par la centaine entière intermédiaire (pour l'item 395 + 50 → 395 + **5** = 400, il reste **45** à ajouter à 400).

26 LES CERISES

Compétence : Ajouter des unités à un nombre (sans passage à la dizaine supérieure). Ex. : 161 + 6 ; 4 + 144
Description du coloriage : Il s'agit de deux cerises (dont l'une à moitié croquée par un animal) suspendues au bout d'une branche.
Nombre de cases du coloriage : 68 cases
Résultats des additions compris entre : 100 et 200
Enjeux pédagogiques : Dans ce coloriage, l'enfant met en place une stratégie appropriée d'ajout d'un nombre d'unités à un nombre à 3 chiffres.

27 LE LAPIN MAGICIEN

Compétence : Soustraire des unités à un nombre (sans passage à la dizaine inférieure). Ex. : 266 – 4 ; 154 – 1
Description du coloriage : Il s'agit d'un lapin magicien, avec une baguette magique dans la patte et un chapeau haut-de-forme devant lui.
Nombre de cases du coloriage : 78 cases
Résultats des soustractions compris entre : 50 et 300
Enjeux pédagogiques : Dans ce coloriage, l'enfant met en place une stratégie appropriée de retrait d'un nombre d'unités à un nombre à 2 ou 3 chiffres.

28 LES POTIONS MAGIQUES

Compétence : Ajouter 9, 19 ou 29 à un nombre. Ex. : 44 + 9 ; 137 + 29
Description du coloriage : Il s'agit de flacons avec des potions.
Nombre de cases du coloriage : 79 cases
Résultats des additions compris entre : émis en unités entre 2 et 9 pour les items à compléter ; champ numérique entre 10 et 1 000.
Enjeux pédagogiques : Ce coloriage permet d'utiliser des procédures expertes en utilisant la dizaine supérieure du nombre avec 9 unités et en retirant 1. Le codage associe une couleur au nombre d'unités dans le résultat trouvé.

29 L'ÉPOUVANTAIL

Compétence : Soustraire 9 à un nombre. Ex. : 48 – 9 ; 658 – 9
Description du coloriage : Il s'agit d'un épouvantail dans un champ.
Nombre de cases du coloriage : 62 cases
Résultats des soustractions compris entre : émis en unités entre 2 et 9 pour les items à compléter ; champ numérique entre 10 et 1 000.
Enjeux pédagogiques : Ce coloriage permet d'utiliser des procédures expertes en retirant 10, puis en ajoutant 1. Le codage associe une couleur au nombre d'unités dans le résultat trouvé.

30 LE BANC SOUS LE POMMIER

Compétence : Connaitre les tables de multiplication de 2 et 3. Ex. : 2 × 6 ; 3 × 8 ; 3 + 3 + 3 + 3
Description du coloriage : Il s'agit d'un banc sous un pommier.
Nombre de cases du coloriage : 62 cases
Résultats des opérations compris entre : 0 et 30
Enjeux pédagogiques : Ce coloriage permet de renforcer la mémorisation des tables de multiplication de 2 et de 3 et d'utiliser la commutativité de la multiplication. Il intègre des additions réitérées.

(31) LES BASKETS

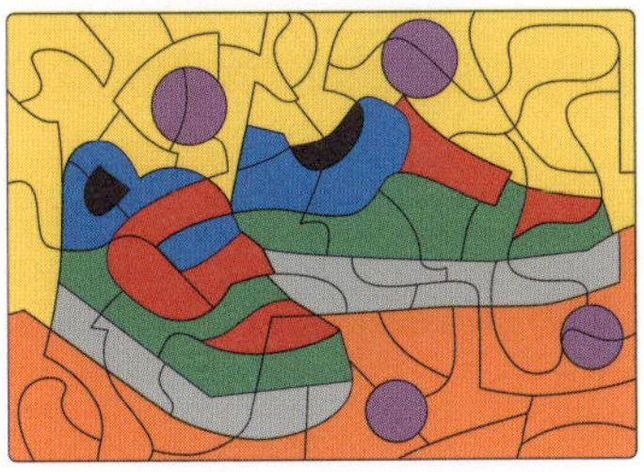

Compétence : Connaitre les tables de multiplication de 4 et 5. Ex. : 4 × 8 ; 5 × 5 ; 4 + 4 + 4
Description du coloriage : Il s'agit d'une paire de baskets.
Nombre de cases du coloriage : 80 cases
Résultats des opérations compris entre : 0 et 50
Enjeux pédagogiques : Ce coloriage permet de renforcer la mémorisation des tables de 4 et de 5 et permet à l'enfant d'utiliser la commutativité de la multiplication. Il intègre des additions réitérées.

(32) LE CANARD

Compétence : Connaitre les tables de multiplication de 2, 5 et 10.
Ex. : .... × 2 = 6 ; .... × 7 = 35
Description du coloriage : Il s'agit d'un canard colvert assis sur l'herbe. Dans le ciel, on aperçoit des oiseaux qui volent.
Nombre de cases du coloriage : 58 cases
Résultats des multiplications à trous compris entre : 1 et 10 pour les items à compléter ; 0 et 100 pour le champ numérique.
Enjeux pédagogiques : Ce coloriage permet, en complétant des écritures multiplicatives, de renforcer la mémorisation des tables de 2, 5 et 10.

(33) LE POISSON

Compétence : Connaitre les tables de multiplication de 2, 3, 4, 5 et 10.
Ex. : 2 × 1 ; 4 × 6
Description du coloriage : Il s'agit d'un poisson qui fait des bulles dans l'eau.
Nombre de cases du coloriage : 76 cases
Résultats des multiplications compris entre : 0 et 50
Enjeux pédagogiques : Ce coloriage permet de renforcer la mémorisation des tables de multiplication de 2, 3, 4, 5 et 10.

(34) LES CRAYONS

Compétence : Connaitre les tables de multiplication de 6, 7, 8 et 9.
Ex. : 6 × 6 ; 9 × 8
Description du coloriage : Il s'agit de crayons de couleur posés sur une feuille.
Nombre de cases du coloriage : 57 cases
Résultats des multiplications compris entre : 0 et 100
Enjeux pédagogiques : Ce coloriage permet de renforcer la mémorisation des tables de multiplication de 6 à 9.

(35) LA GRAPPE DE RAISIN

Compétence : Multiplier des nombres > à 10 (par 2, 10, 25...).
Ex. : 100 = 2 × ... ; ... × 34 = 340
Description du coloriage : Il s'agit d'une grappe de raisin.
Nombre de cases du coloriage : 60 cases
Résultats des multiplications à trous compris entre : 1 et 1000
Enjeux pédagogiques : Dans ce coloriage, l'élève renforce sa connaissance des tables de multiplication, utilise les multiples de 25 usuels, la multiplication par 10 de nombres à 2 chiffres.

(36) LE CLOWN

Compétence : Multiplier un nombre compris entre 11 et 19 par un nombre < à 10. Ex. : 3 × 19 ; 5 × 11
Description du coloriage : Il s'agit d'un clown.
Nombre de cases du coloriage : 67 cases
Résultats des multiplications compris entre : 30 et 80
Enjeux pédagogiques : Dans ce coloriage, l'élève calcule le produit d'un nombre en décomposant le nombre à 2 chiffres en la somme de deux nombres (utilisation de la distributivité).

(37) LES POULES

Compétence : Connaitre des petits doubles de 1 à 15. Ex. : double de 11 ; 15 + 15 ; 2 × 7
Description du coloriage : Il s'agit de deux poules.
Nombre de cases du coloriage : 44 cases
Résultats des items compris entre : 1 et 30
Enjeux pédagogiques : Ce coloriage permet de renforcer la connaissance des doubles des nombres de 1 à 15.

(38) LES COQUILLAGES

Compétence : Connaitre des doubles et des moitiés usuels (jusqu'à 100). Ex. : double de 50 ; moitié de 40 ; 2 × 25
Description du coloriage : Il s'agit de coquillages au bord de l'eau.
Nombre de cases du coloriage : 57 cases
Résultats des items compris entre : 0 et 100
Enjeux pédagogiques : Ce coloriage permet de manipuler les différentes écritures de doubles et de moitiés jusqu'à 100.

(39) LA TROUSSE

Compétence : Connaitre des doubles et des moitiés usuels (jusqu'à 1000). Ex. : moitié de 880 ; double de 250 ; 110 + 110
Description du coloriage : Il s'agit d'une trousse d'école ouverte.
Nombre de cases du coloriage : 73 cases
Résultats des items compris entre : 60 et 1000
Enjeux pédagogiques : Ce coloriage permet de manipuler les différentes écritures de doubles et de moitiés, jusqu'à 1000, et intègre la compétence « déterminer la moitié d'un nombre pair ».

(40) LA CASQUETTE

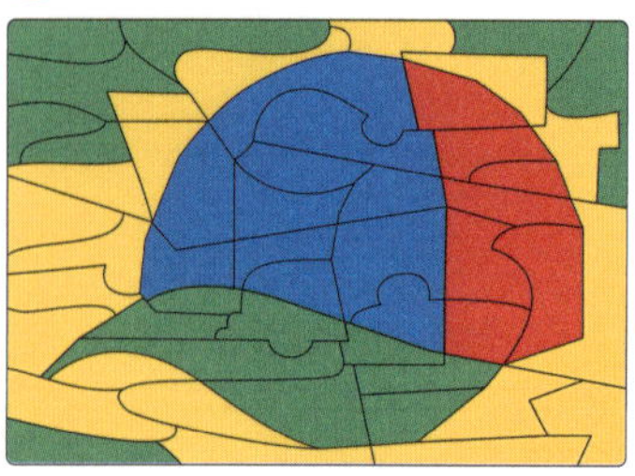

Compétence : Identifier le signe manquant dans une opération (+, −, ×, =). Ex. : 45 = 5★9 ; 600★40 = 640
Description du coloriage : Il s'agit d'une casquette multicolore.
Nombre de cases du coloriage : 53 cases
Résultats des items compris entre : 10 et 1000
Enjeux pédagogiques : Ce coloriage permet de réinvestir toutes les compétences du CE1 en calcul mental.

JOKER (1) LE CASQUE

Description du coloriage : Il s'agit d'un casque audio accroché à un câble.
Nombre de couleurs : 6 couleurs
Nombre de cases du coloriage : 62 cases
(BLEU → 6 cases ; JAUNE → 18 cases ; GRIS → 8 cases ; VERT → 2 cases ; NOIR → 6 cases ; ORANGE → 22 cases)

JOKER (2) L'ÉCUREUIL

Description du coloriage : Il s'agit d'un écureuil tenant un gland entre ses pattes.
Nombre de couleurs : 6 couleurs
Nombre de cases du coloriage : 71 cases + 2 cases blanches
(BLEU → 12 cases ; JAUNE → 5 cases ; MARRON → 16 cases ; VERT → 10 cases ; NOIR → 7 cases ; ORANGE → 21 cases)

© MDI, 2024 • *Fichier coloriages magiques, Calcul mental CE1.*

Tableau de suivi individuel de l'enseignant-e

Prénom de l'élève : ....

FICHE	NOTIONS TRAVAILLÉES	COMPÉTENCES TRAVAILLÉES	ACHÈVEMENT	ACQUISITION	EFFORT	SOIN
1	**Ajouter ou soustraire un nombre (résultat inférieur ou égal à 10)**	Additionner des petits nombres				
2		Trouver le complément d'un nombre				
3		Soustraire un nombre à un nombre inférieur ou égal à 10				
4		Ajouter ou soustraire un nombre inférieur à 10				
5	**Ajouter ou soustraire un nombre (résultat inférieur ou égal à 20)**	Additionner deux nombres				
6		Additionner trois nombres en utilisant le complément à 10				
7		Additionner trois nombres en regroupant les doubles				
8		Soustraire un nombre à un nombre inférieur ou égal à 20				
9		Ajouter ou soustraire un nombre inférieur à 20				
10	**Manipuler des dizaines entières**	Additionner des dizaines entières				
11		Soustraire des dizaines entières (à un nombre de dizaines entières)				
12		Ajouter des dizaines entières à un nombre				
13		Soustraire des dizaines entières à un nombre				
14		Trouver le complément de dizaines pour atteindre un résultat donné				
15	**Ajouter ou soustraire un nombre (résultat inférieur à 100)**	Ajouter ou soustraire des unités ou dizaines entières (sans passage à la dizaine inférieure ou supérieure)				
16		Additionner deux nombres inférieurs à 100 (sans passage à la dizaine supérieure)				
17		Compléter une écriture additive avec un nombre à 1 chiffre pour atteindre un résultat donné				
18		Additionner deux nombres inférieurs à 100 (avec passage à la dizaine supérieure)				
19		Soustraire des unités à un nombre inférieur à 100 (avec passage à la dizaine inférieure)				

↓

Prénom de l'élève : ....

FICHE	NOTIONS TRAVAILLÉES	COMPÉTENCES TRAVAILLÉES	ACHÈVEMENT	ACQUISITION	EFFORT	SOIN
20	Manipuler des centaines et dizaines entières	Trouver le complément à 100				
21		Additionner des centaines et dizaines entières				
22		Compléter une écriture additive pour atteindre la centaine supérieure				
23		Ajouter des centaines et/ou dizaines entières à un nombre				
24		Soustraire des centaines ou dizaines entières à un nombre				
25		Ajouter des dizaines à un nombre (avec passage à la centaine supérieure)				
26	Ajouter ou soustraire un nombre (résultat inférieur à 1000)	Ajouter des unités à un nombre (sans passage à la dizaine supérieure)				
27		Soustraire des unités à un nombre (sans passage à la dizaine inférieure)				
28		Ajouter 9, 19 ou 29 à un nombre				
29		Soustraire 9 à un nombre				
30	Connaitre les tables de multiplication de 1 à 10	Connaitre les tables de multiplication de 2 et 3				
31		Connaitre les tables de multiplication de 4 et 5				
32		Connaitre les tables de multiplication de 2, 5 et 10				
33		Connaitre les tables de multiplication de 2, 3, 4, 5 et 10				
34		Connaitre les tables de multiplication de 6, 7, 8 et 9				
35	Multiplier des nombres supérieurs à 10	Multiplier des nombres supérieurs à 10 (par 2, 10, 25...)				
36		Multiplier un nombre compris entre 11 et 19 par un nombre inférieur à 10				
37	Connaitre les doubles et les moitiés	Connaitre des petits doubles de 1 à 15				
38		Connaitre des doubles et des moitiés usuels (jusqu'à 100)				
39		Connaitre des doubles et des moitiés usuels (jusqu'à 1000)				
40	Manipuler les signes opératoires	Identifier le signe manquant dans une opération				

© MDI, 2024 • *Fichier coloriages magiques, Calcul mental CE1.*

Fiche de suivi de l'élève

Prénom de l'élève : ....

Fiche	Date	Que vois-tu sur ce coloriage ?	Réussites

Jusqu'à 30 bonnes réponses.

Plus de 30 bonnes réponses, mais plus de 5 erreurs.

C'est tout bon ou presque (maximum 5 erreurs).

PRÉNOM : ....

Les couleurs

JAUNE
jaune

ROUGE
rouge

VERT
vert

BLEU
bleu

ROSE
rose

ORANGE
orange

GRIS
gris

MARRON
marron

VIOLET
violet

NOIR
noir

BLANC
blanc

© MDI, 2024 • *Fichier coloriages magiques, Calcul mental CE1.*

COLORIAGES 1 MAGIQUES

Prénom : ....

Date : ....

Que vois-tu sur ce coloriage ?

....

....

Additionner des petits nombres (résultat inférieur ou égal à 10)

APPRÉCIATION

Calcule et colorie.

BLEU	3		ORANGE	4		VIOLET	5		GRIS	6
ROUGE	7		JAUNE	8		VERT	9		ROSE	10

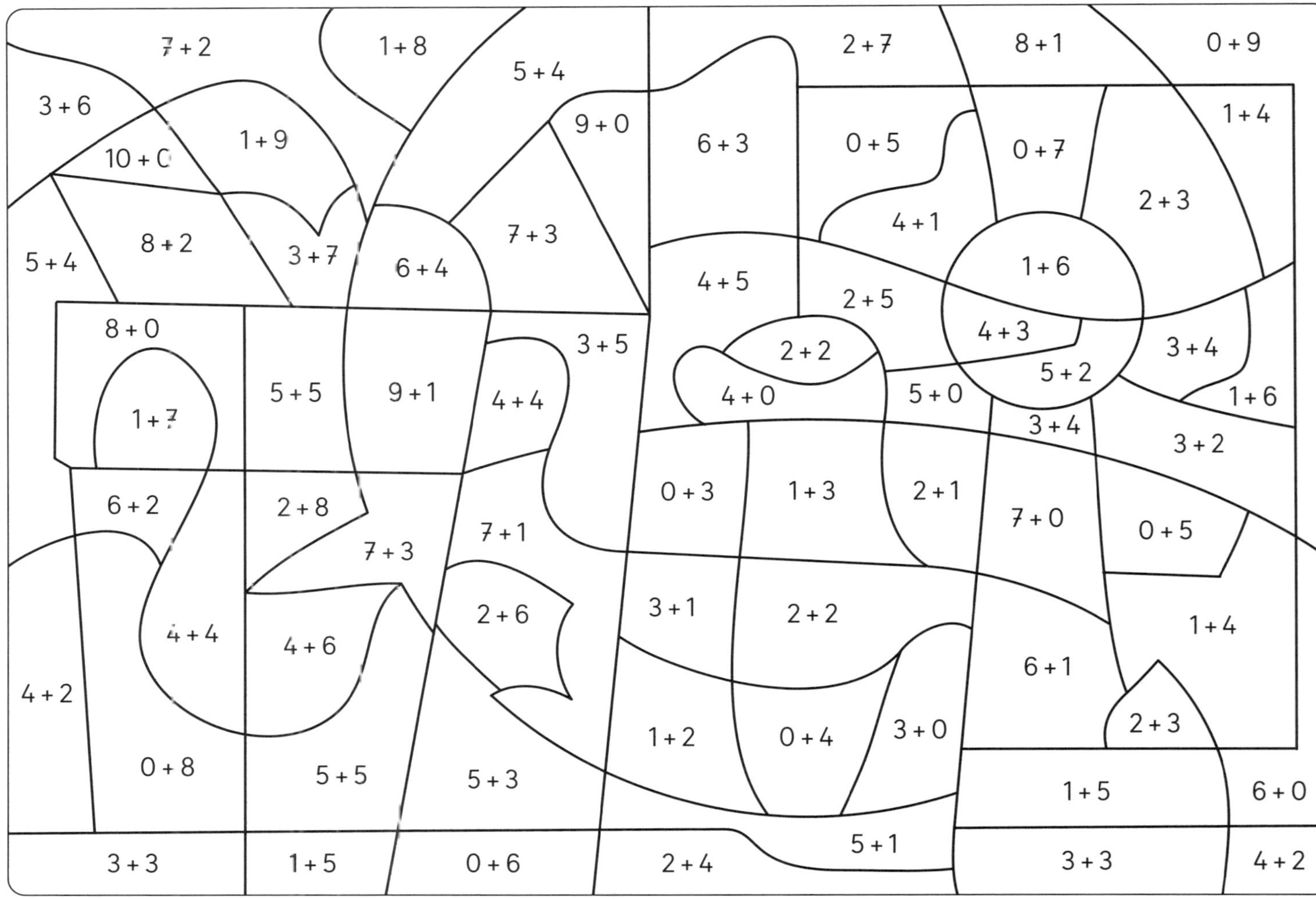

© MDI, 2024 • *Fichier coloriages magiques, Calcul mental CE1.*

Photocopie autorisée pour une classe seulement.

COLORIAGES 2 MAGIQUES

Prénom : ....

Date : ....

Que vois-tu sur ce coloriage ?

....

....

Trouver le complément d'un nombre inférieur ou égal à 10

APPRÉCIATION

Trouve le nombre manquant, puis colorie.

JAUNE	1	ROUGE	2	GRIS	3	MARRON	4
BLEU	5	VERT	6	ROSE	7	ORANGE	8

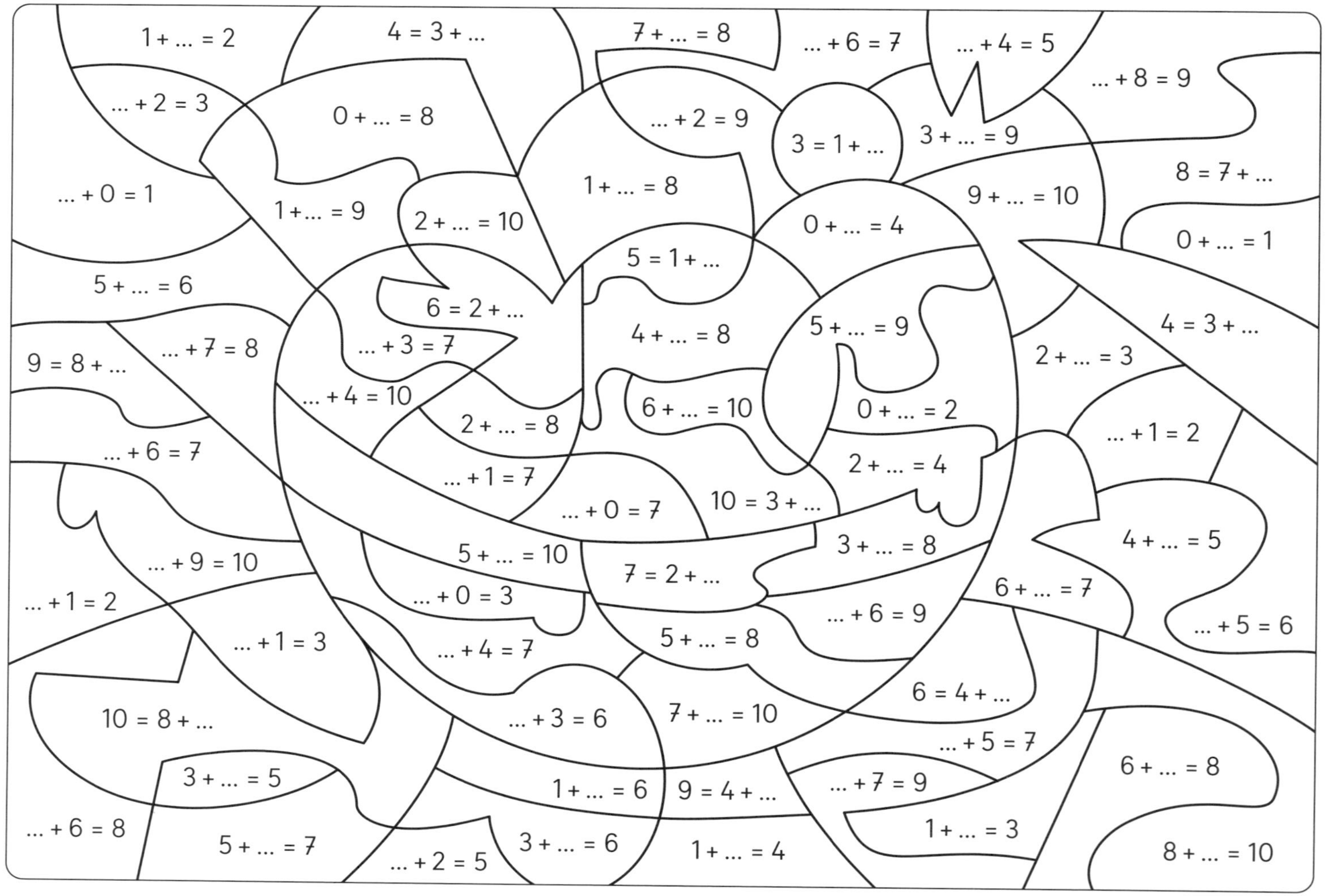

© MDI, 2024 • *Fichier coloriages magiques, Calcul mental CE1.*

Photocopie autorisée pour une classe seulement.

COLORIAGES
3
MAGIQUES

Prénom : ....

Date : ....

Que vois-tu sur ce coloriage ?

....

....

Soustraire un nombre à un nombre inférieur ou égal à 10

APPRÉCIATION

Calcule et colorie.

VERT	1	BLEU	2	ORANGE	3	JAUNE	4
ROSE	5	GRIS	6	ROUGE	7	NOIR	8

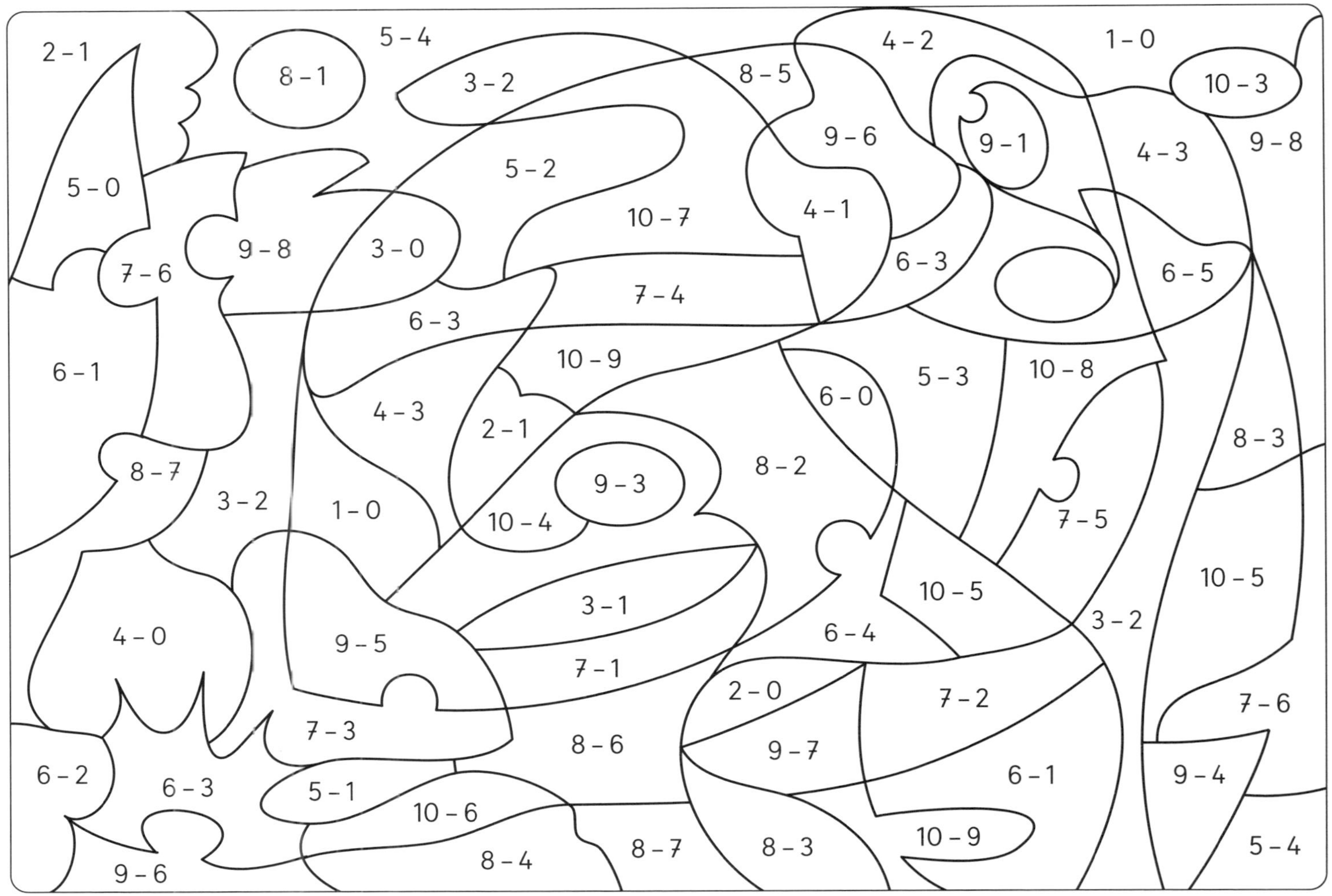

 © MDI, 2024 • *Fichier coloriages magiques, Calcul mental CE1.*

Photocopie autorisée pour une classe seulement.

COLORIAGES 4 MAGIQUES

Prénom : ....

Date : ....

Que vois-tu sur ce coloriage ?

....

....

Ajouter ou soustraire un nombre inférieur à 10

APPRÉCIATION

Calcule et colorie.

ROUGE	2
BLEU	3
VERT	4
GRIS	5
ROSE	6
MARRON	7
JAUNE	8
ORANGE	9

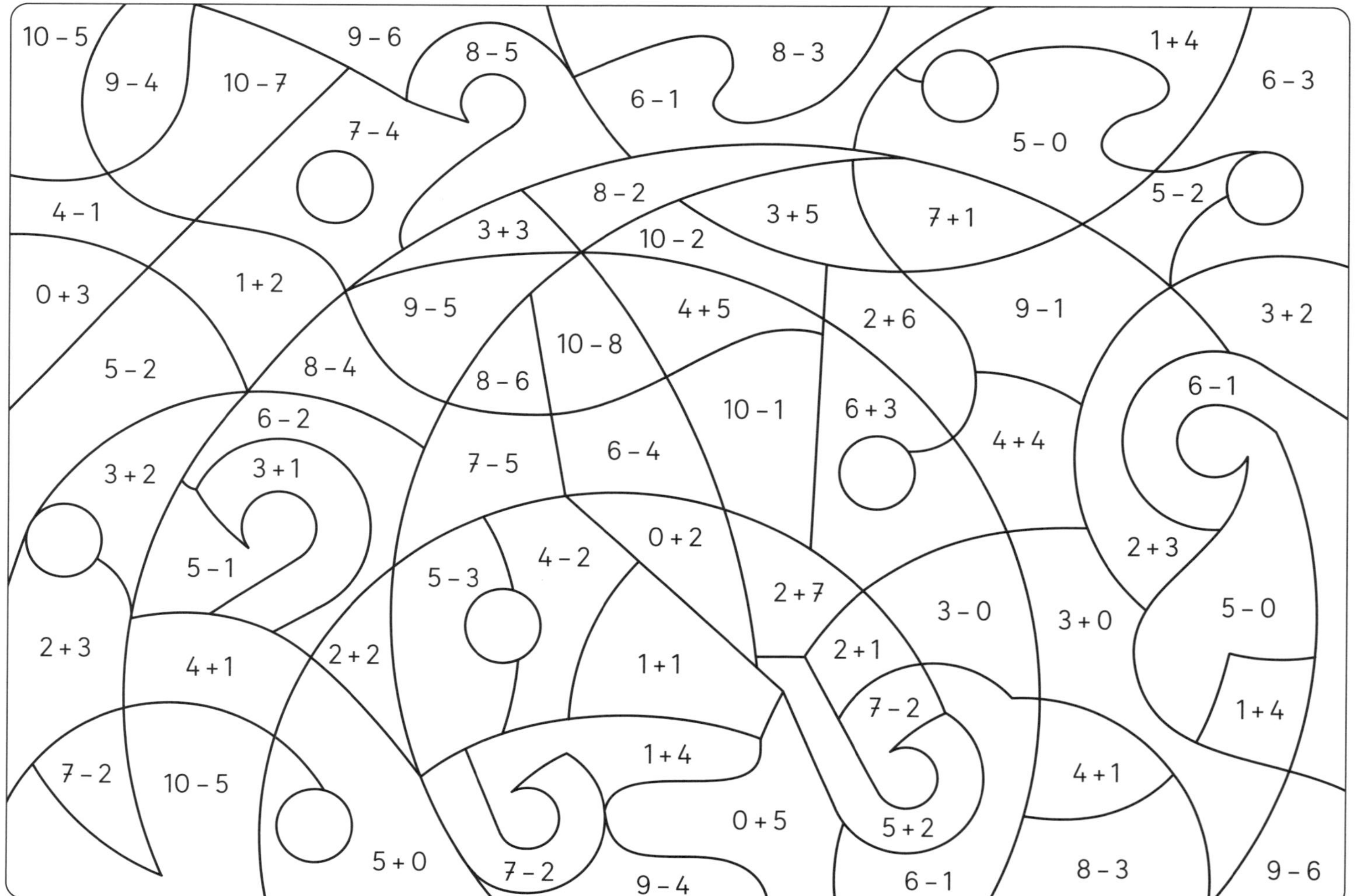

 © MDI, 2024 • *Fichier coloriages magiques, Calcul mental CE1.*

Photocopie autorisée pour une classe seulement.

COLORIAGES 5 MAGIQUES

Prénom : ....

Date : ....

Que vois-tu sur ce coloriage ?

....

....

Additionner deux nombres (résultat inférieur ou égal à 20)

APPRÉCIATION

Calcule et colorie.

JAUNE	11	VERT	12	GRIS	13	ROUGE	14
BLEU	15	MARRON	16	NOIR	17	VIOLET	18

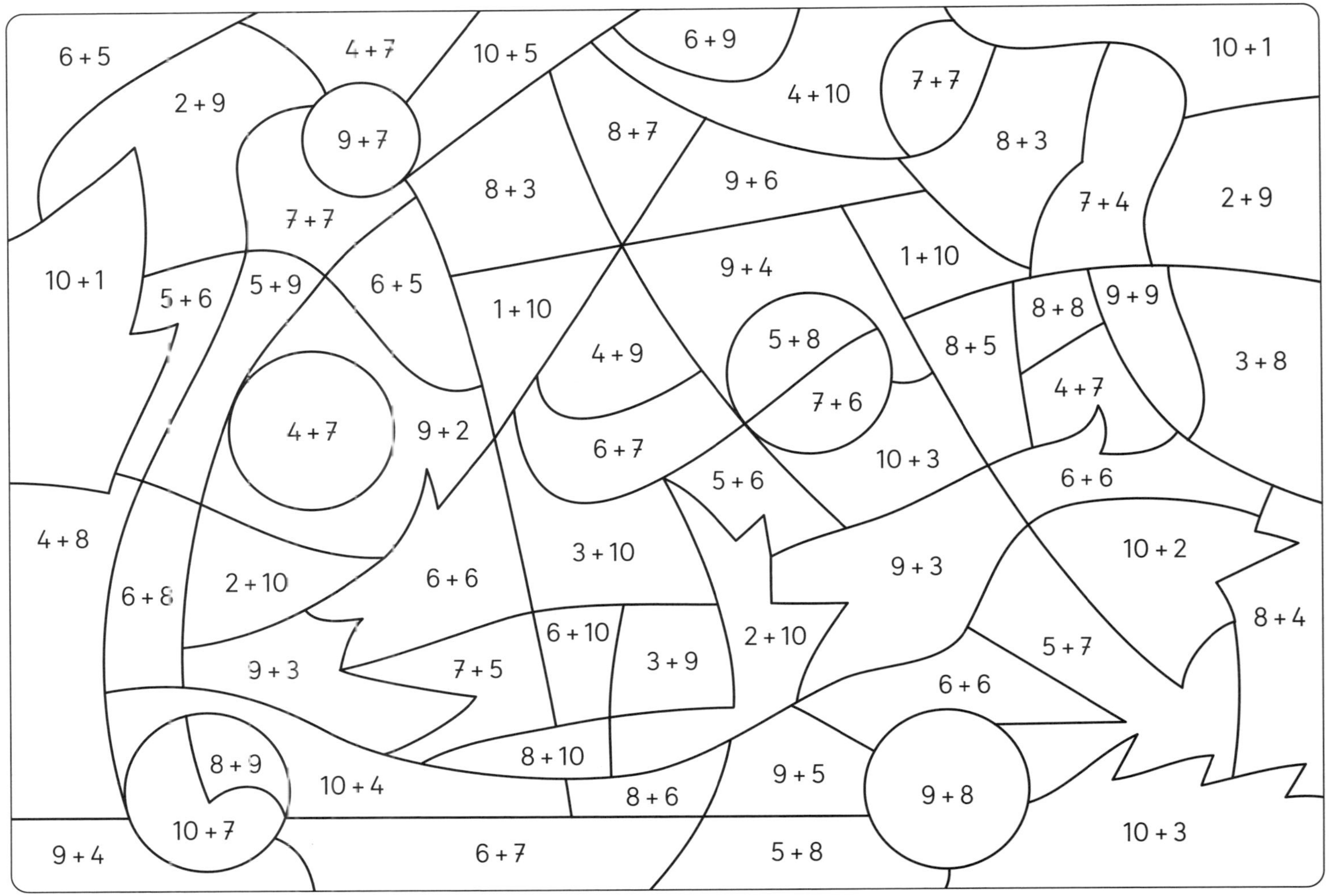

 © MDI, 2024 • *Fichier coloriages magiques, Calcul mental CE1.*

Photocopie autorisée pour une classe seulement.

COLORIAGES 6 MAGIQUES

Prénom : ....

Date : ....

Que vois-tu sur ce coloriage ?

....

....

Additionner trois nombres en utilisant le complément à 10

APPRÉCIATION

Calcule et colorie.

BLEU	14	JAUNE	15	ROSE	16
VIOLET	17	ORANGE	18	VERT	19

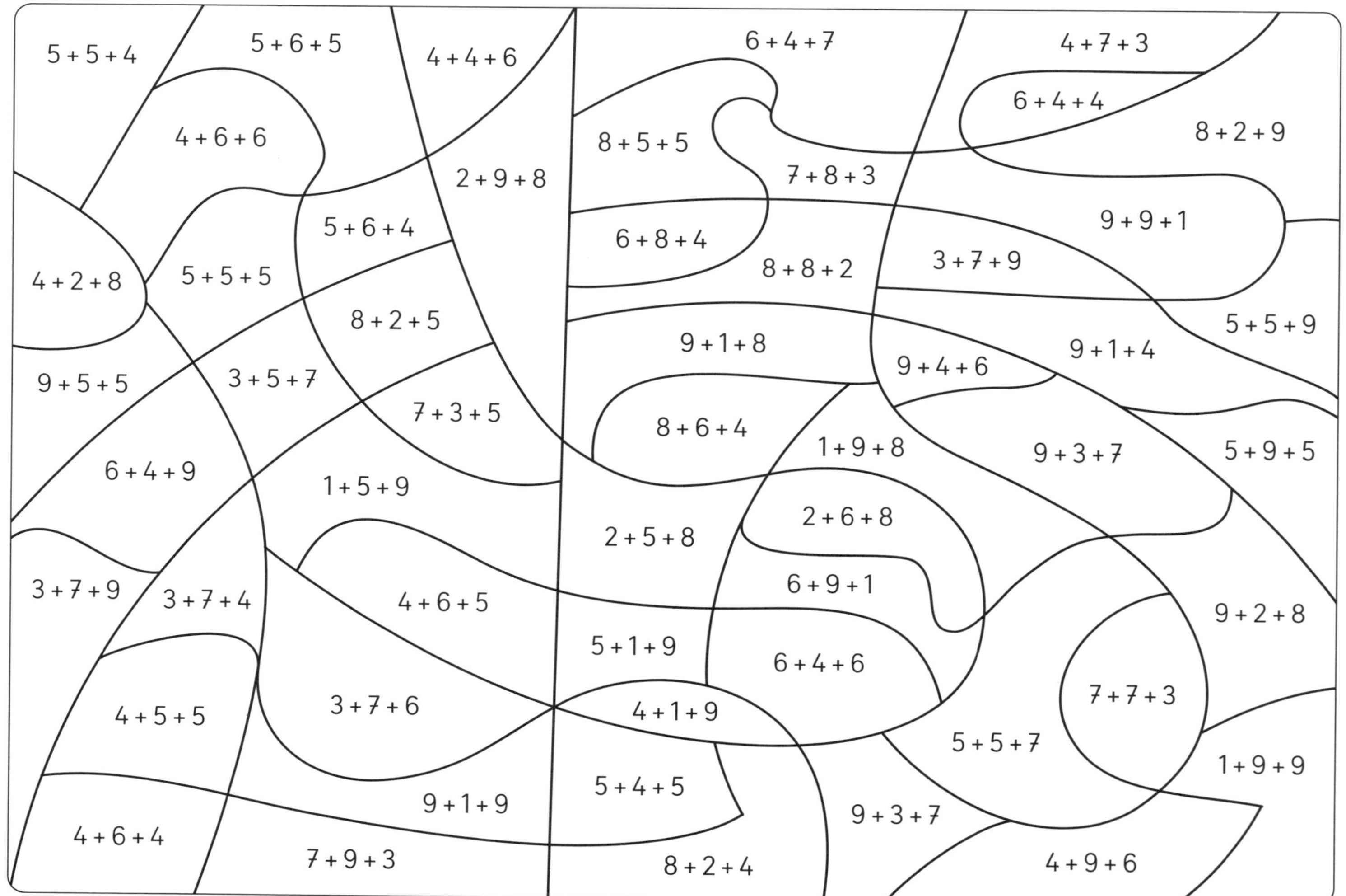

© MDI, 2024 • *Fichier coloriages magiques, Calcul mental CE1.*

Photocopie autorisée pour une classe seulement.

COLORIAGES 7 MAGIQUES

Prénom : ....

Date : ....

Que vois-tu sur ce coloriage ?

....

....

Additionner trois nombres en regroupant les doubles

APPRÉCIATION

Calcule et colorie.

MARRON	11	NOIR	12	JAUNE	13	VERT	14
ROSE	15	BLEU	16	GRIS	17	ORANGE	18

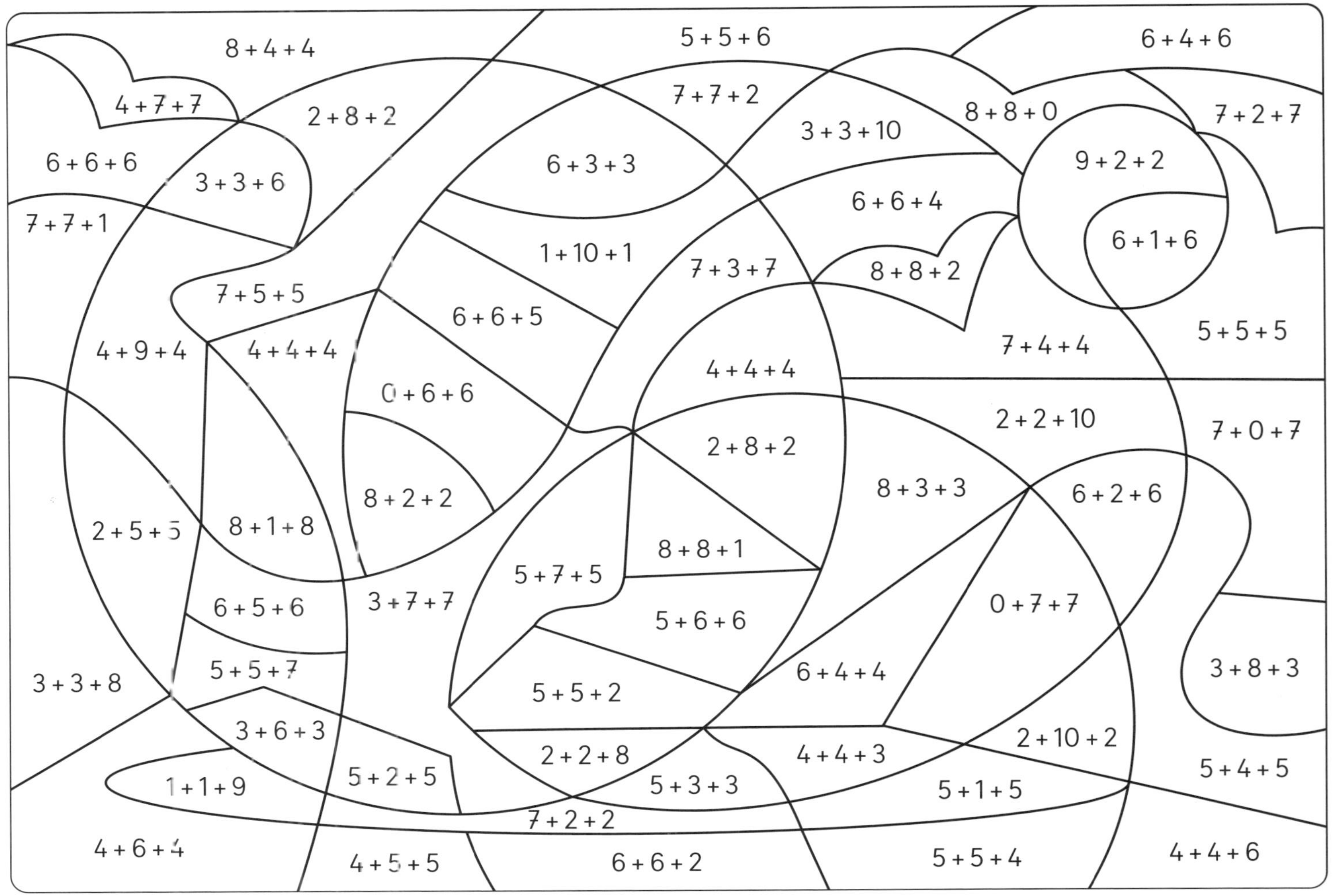

© MDI, 2024 • *Fichier coloriages magiques, Calcul mental CE1.*

Photocopie autorisée pour une classe seulement.

COLORIAGES 8 MAGIQUES

Prénom : ....

Date : ....

Que vois-tu sur ce coloriage ?

....

....

Soustraire un nombre
à un nombre inférieur ou égal à 20

APPRÉCIATION

Calcule et colorie.

VERT	8	BLEU	9	ROSE	10	JAUNE	11
MARRON	12	ROUGE	13	ORANGE	14	NOIR	15

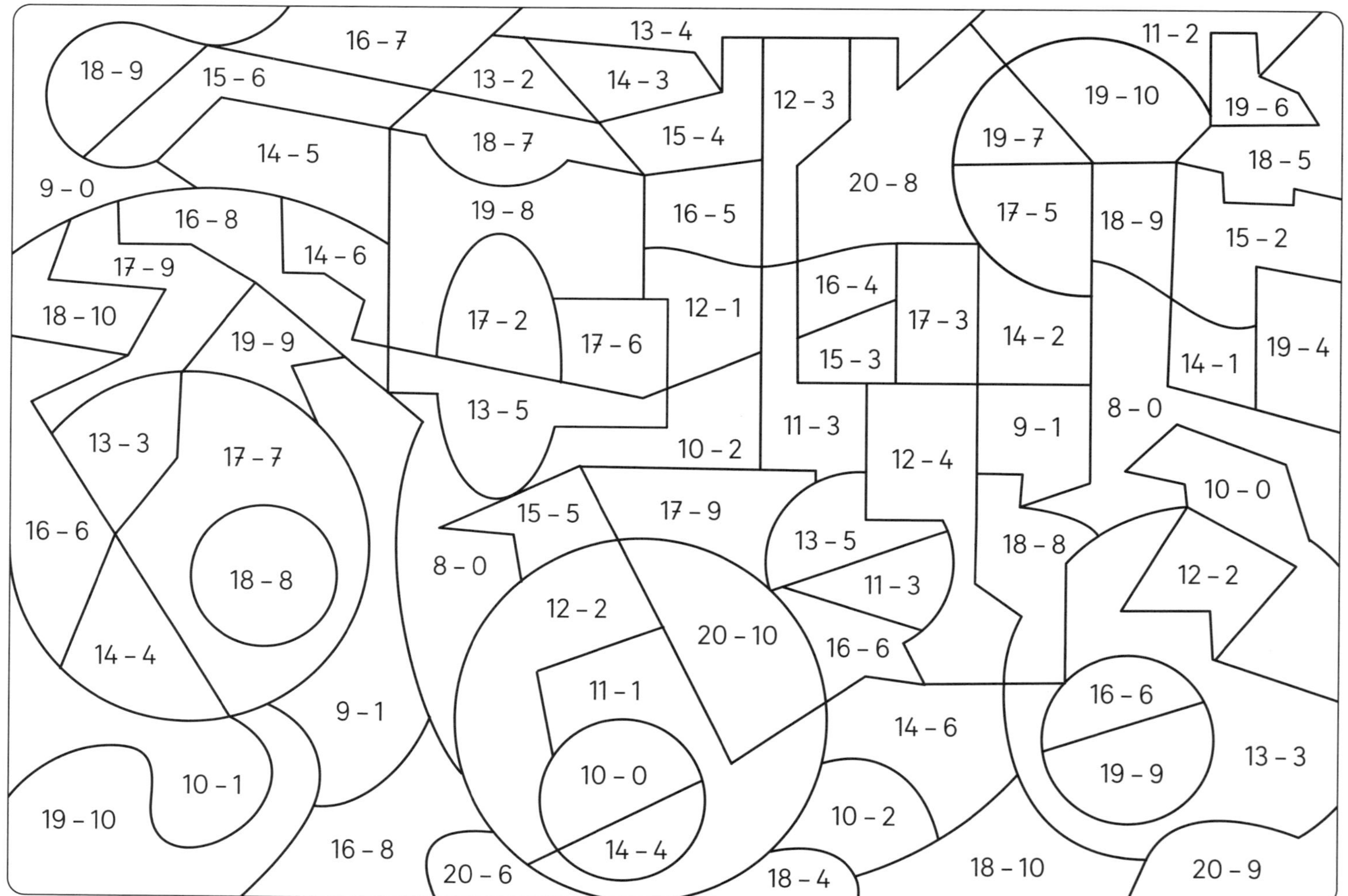

 © MDI, 2024 • *Fichier coloriages magiques, Calcul mental CE1.*

Photocopie autorisée pour une classe seulement.

COLORIAGES 9 MAGIQUES

Prénom : ....

Date : ....

Que vois-tu sur ce coloriage ?

....

....

Ajouter ou soustraire un nombre inférieur à 20

APPRÉCIATION

Calcule et colorie.

MARRON 9	ROSE 10	VIOLET 11	GRIS 12
JAUNE 13	ROUGE 14	VERT 15	ORANGE 16

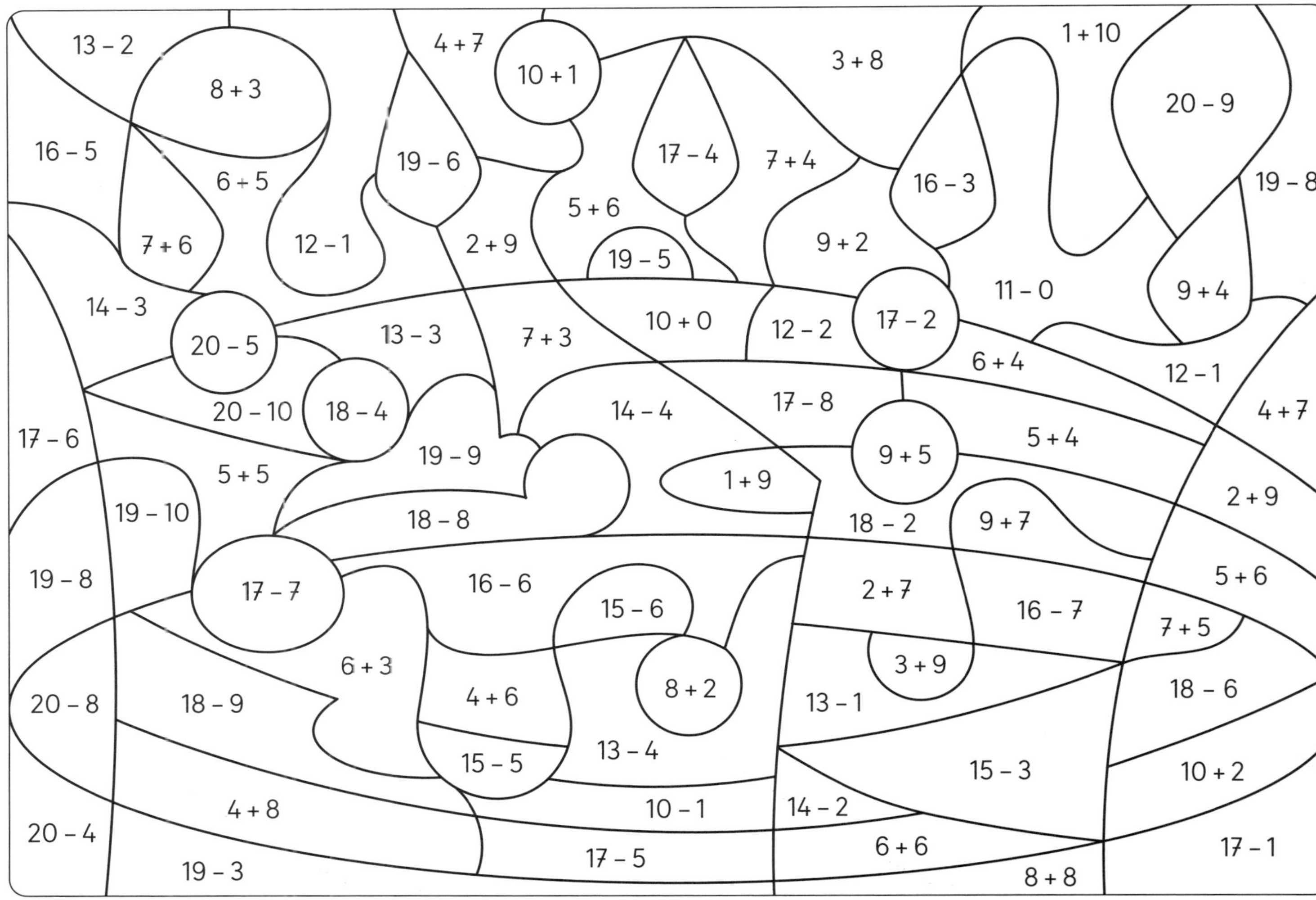

 © MDI, 2024 • *Fichier coloriages magiques, Calcul mental CE1.*

Photocopie autorisée pour une classe seulement.

COLORIAGES 10 MAGIQUES

Prénom : ....

Date : ....

Que vois-tu sur ce coloriage ?

....

....

Additionner des dizaines entières

APPRÉCIATION

Calcule et colorie.

JAUNE	20
ROUGE	30
MARRON	40
NOIR	50
ROSE	60
GRIS	70
BLEU	80
ORANGE	90

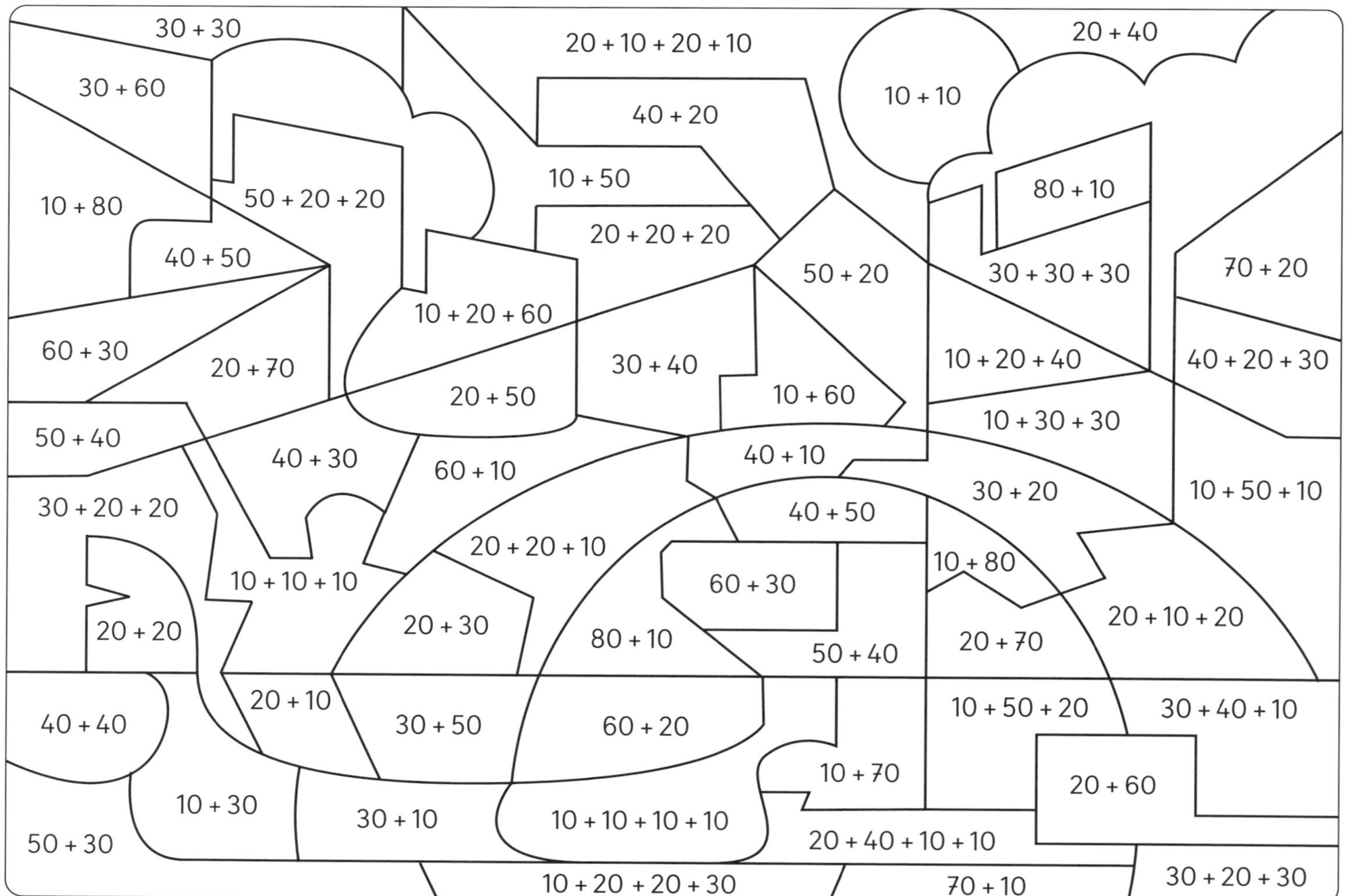

© MDI, 2024 • *Fichier coloriages magiques, Calcul mental CE1.*

Photocopie autorisée pour une classe seulement.

COLORIAGES 11 MAGIQUES

Prénom : ....

Date : ....

Que vois-tu sur ce coloriage ?

....

....

Soustraire des dizaines entières (à un nombre de dizaines entières)

APPRÉCIATION

Calcule et colorie.

ROSE	10	MARRON	20
ORANGE	30	ROUGE	40
VERT	50	JAUNE	60
VIOLET	70	BLEU	80

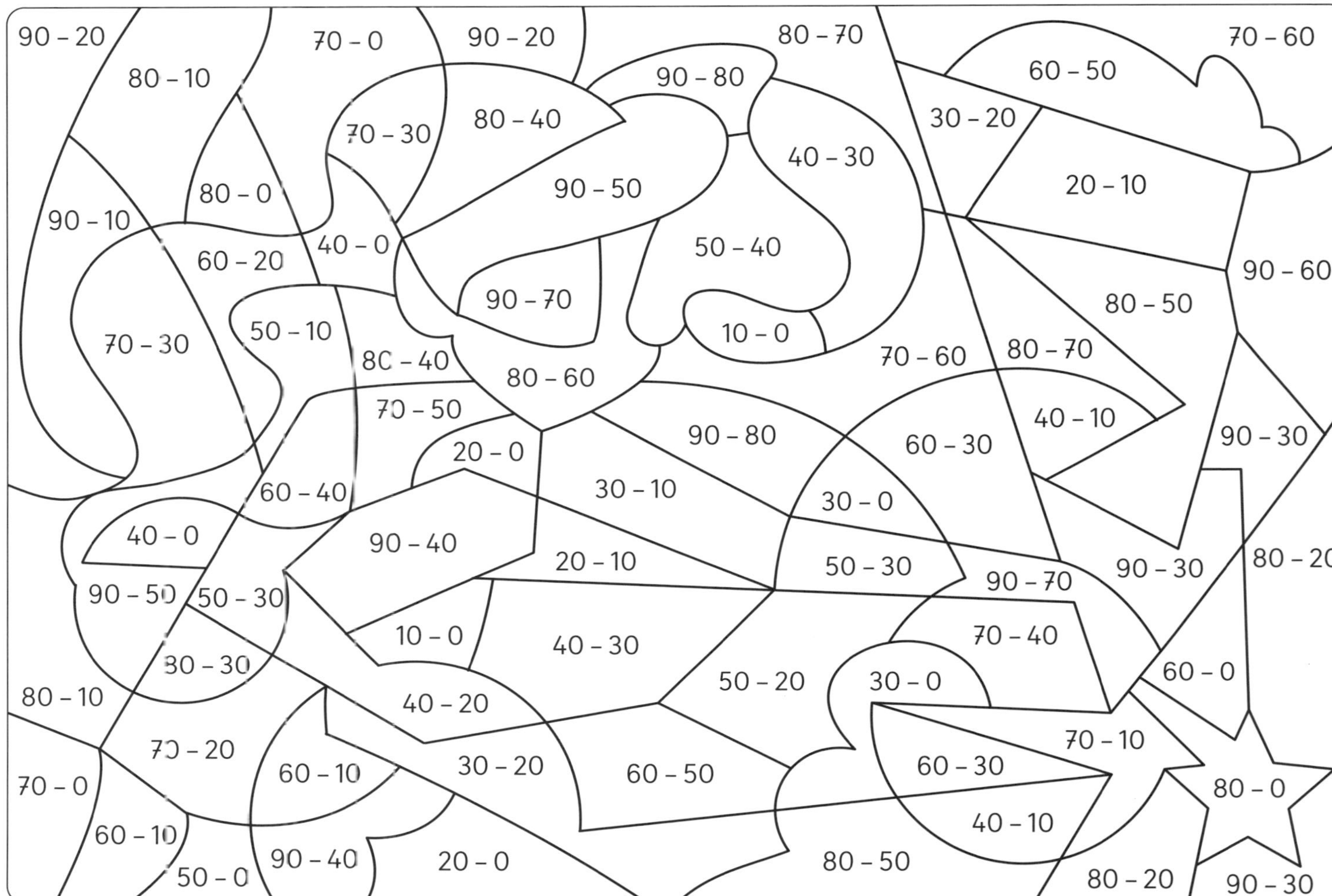

 © MDI, 2024 • *Fichier coloriages magiques, Calcul mental CE1.*

Photocopie autorisée pour une classe seulement.

COLORIAGES 12 MAGIQUES

Prénom : ....

Date : ....

Que vois-tu sur ce coloriage ?

....

....

Ajouter des dizaines entières à un nombre

APPRÉCIATION

Calcule et colorie.

VERT	47	ROUGE	53
BLEU	57	NOIR	63
ORANGE	69	MARRON	75
GRIS	79	JAUNE	85

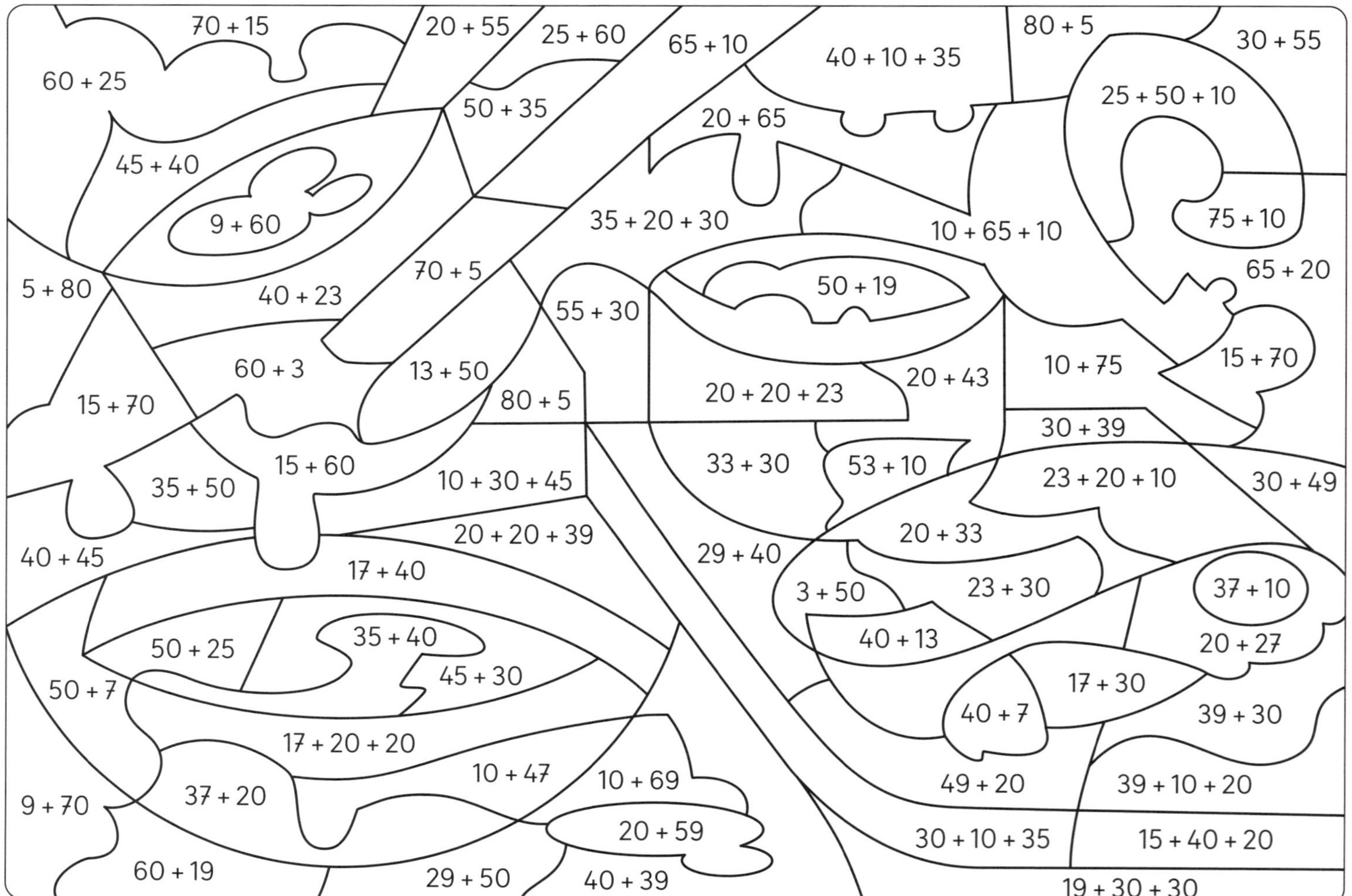

 © MDI, 2024 • *Fichier coloriages magiques, Calcul mental CE1.*

Photocopie autorisée pour une classe seulement.

COLORIAGES 13 MAGIQUES

Prénom : ....

Date : ....

Que vois-tu sur ce coloriage ?

....

....

Soustraire des dizaines entières à un nombre

APPRÉCIATION

Calcule et colorie.

ORANGE	24
JAUNE	34
GRIS	28
BLEU	38
ROUGE	31
NOIR	41

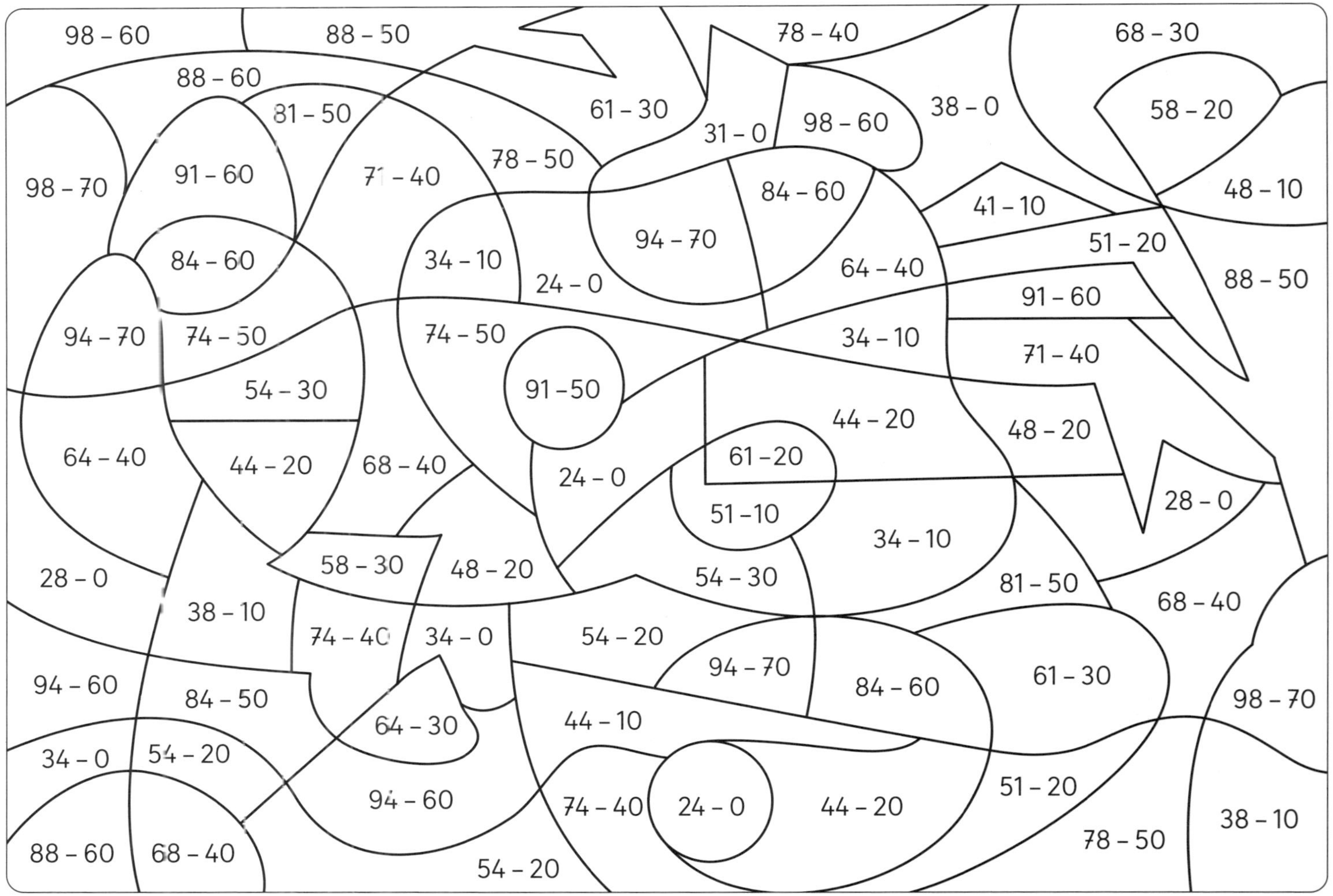

 © MDI, 2024 • *Fichier coloriages magiques, Calcul mental CE1.*

Photocopie autorisée pour une classe seulement.

COLORIAGES 14 MAGIQUES

Prénom : ....

Date : ....

Que vois-tu sur ce coloriage ?

....

....

Trouver le complément de dizaines pour atteindre un résultat donné

APPRÉCIATION

Trouve le nombre manquant, puis colorie.

VIOLET	10
ORANGE	20
JAUNE	30
BLEU	40
VERT	50
GRIS	60
ROSE	70
NOIR	80

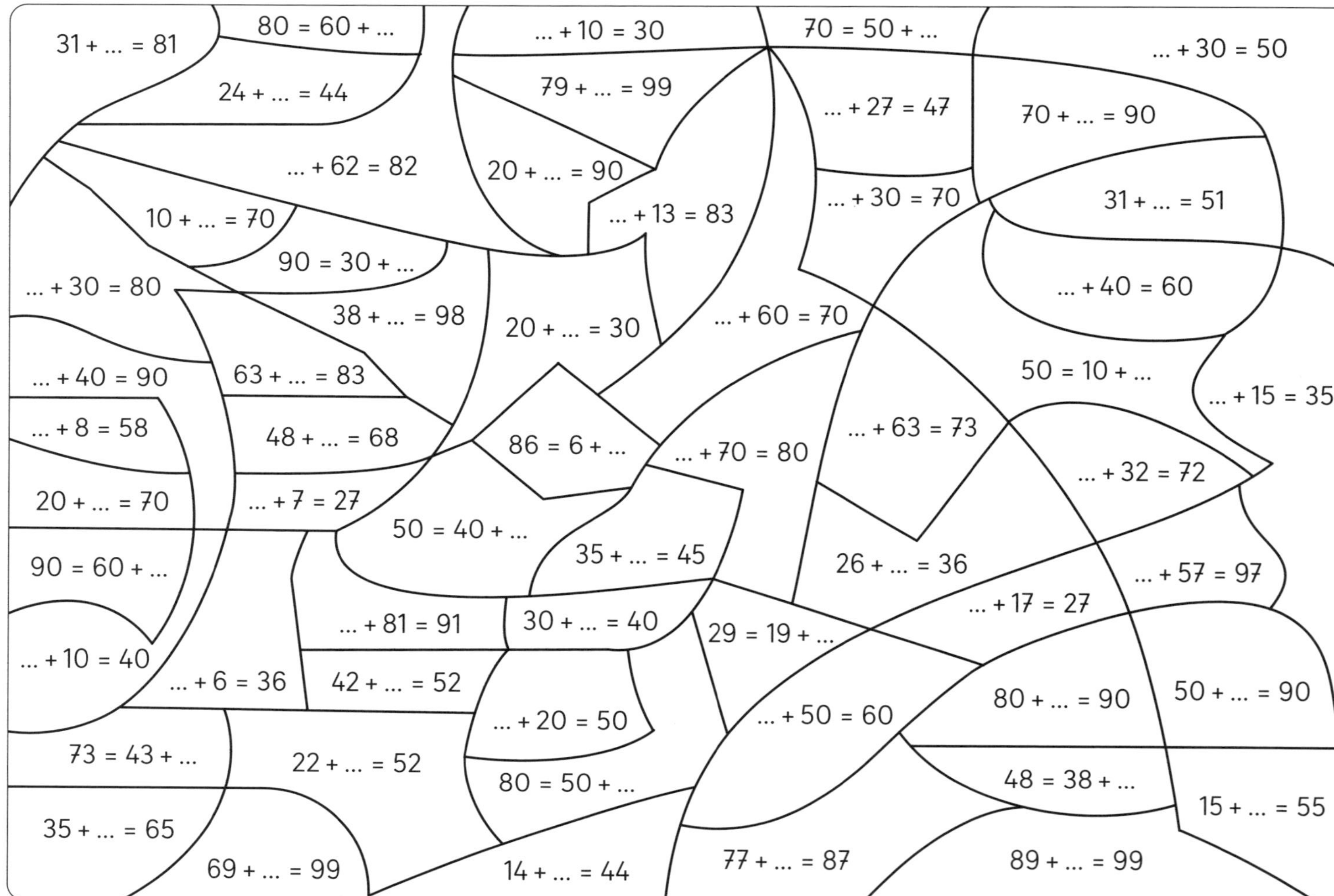

© MDI, 2024 • *Fichier coloriages magiques, Calcul mental CE1.*

Photocopie autorisée pour une classe seulement.

COLORIAGES 15 MAGIQUES

Prénom : ....

Date : ....

Que vois-tu sur ce coloriage ?

....

....

Ajouter ou soustraire des unités ou dizaines entières (sans passage à la dizaine inférieure ou supérieure)

APPRÉCIATION

Calcule et colorie.

NOIR	46	ORANGE	52
JAUNE	56	VERT	62
ROSE	68	GRIS	74
BLEU	78	ROUGE	83

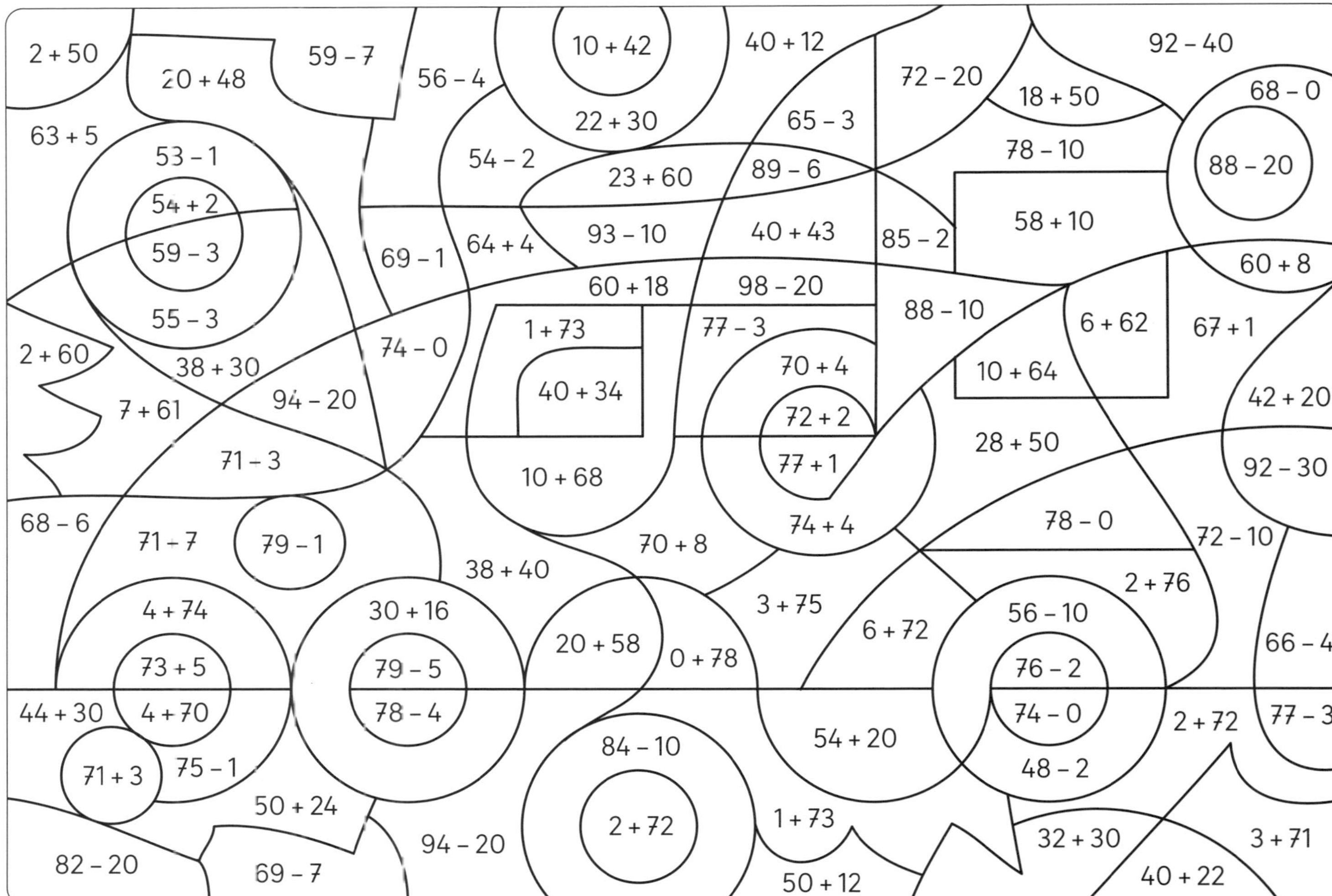

 © MDI, 2024 • *Fichier coloriages magiques, Calcul mental CE1.*

Photocopie autorisée pour une classe seulement.

COLORIAGES 16 MAGIQUES

Prénom : ....

Date : ....

Que vois-tu sur ce coloriage ?

....

....

Additionner deux nombres inférieurs à 100 (sans passage à la dizaine supérieure)

APPRÉCIATION

Calcule et colorie.

VIOLET	28	JAUNE	35	VERT	37	MARRON	45
ROUGE	58	GRIS	64	BLEU	67	ORANGE	78

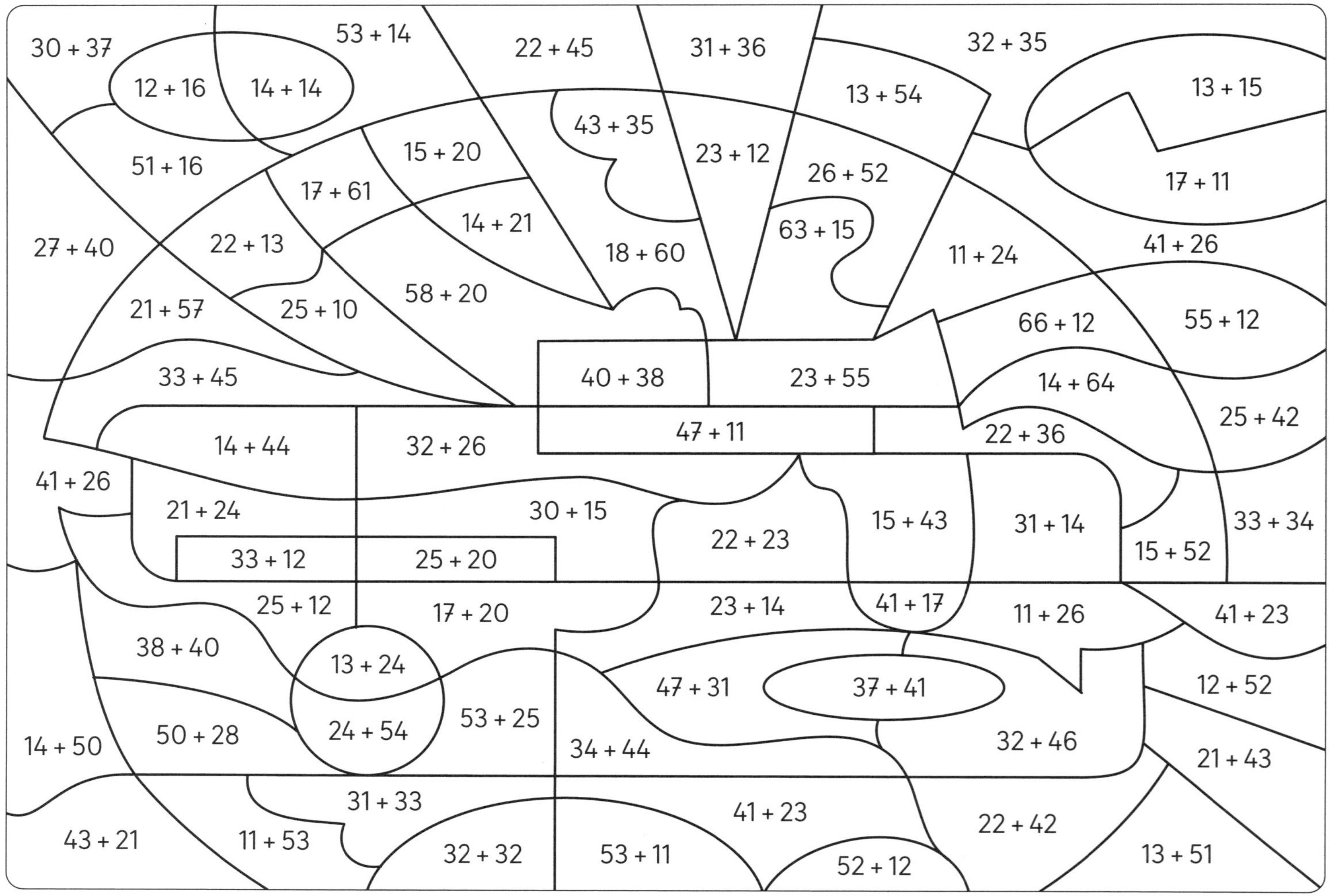

© MDI, 2024 • *Fichier coloriages magiques, Calcul mental CE1.*

Photocopie autorisée pour une classe seulement.

COLORIAGES 17 MAGIQUES

Prénom : ....

Date : ....

Que vois-tu sur ce coloriage ?

....

....

Compléter une écriture additive avec un nombre à 1 chiffre pour atteindre un résultat donné

APPRÉCIATION

Trouve le nombre manquant, puis colorie.

VIOLET 1	ORANGE 2	JAUNE 3	VERT 4
ROUGE 5	BLEU 6	MARRON 7	ROSE 8

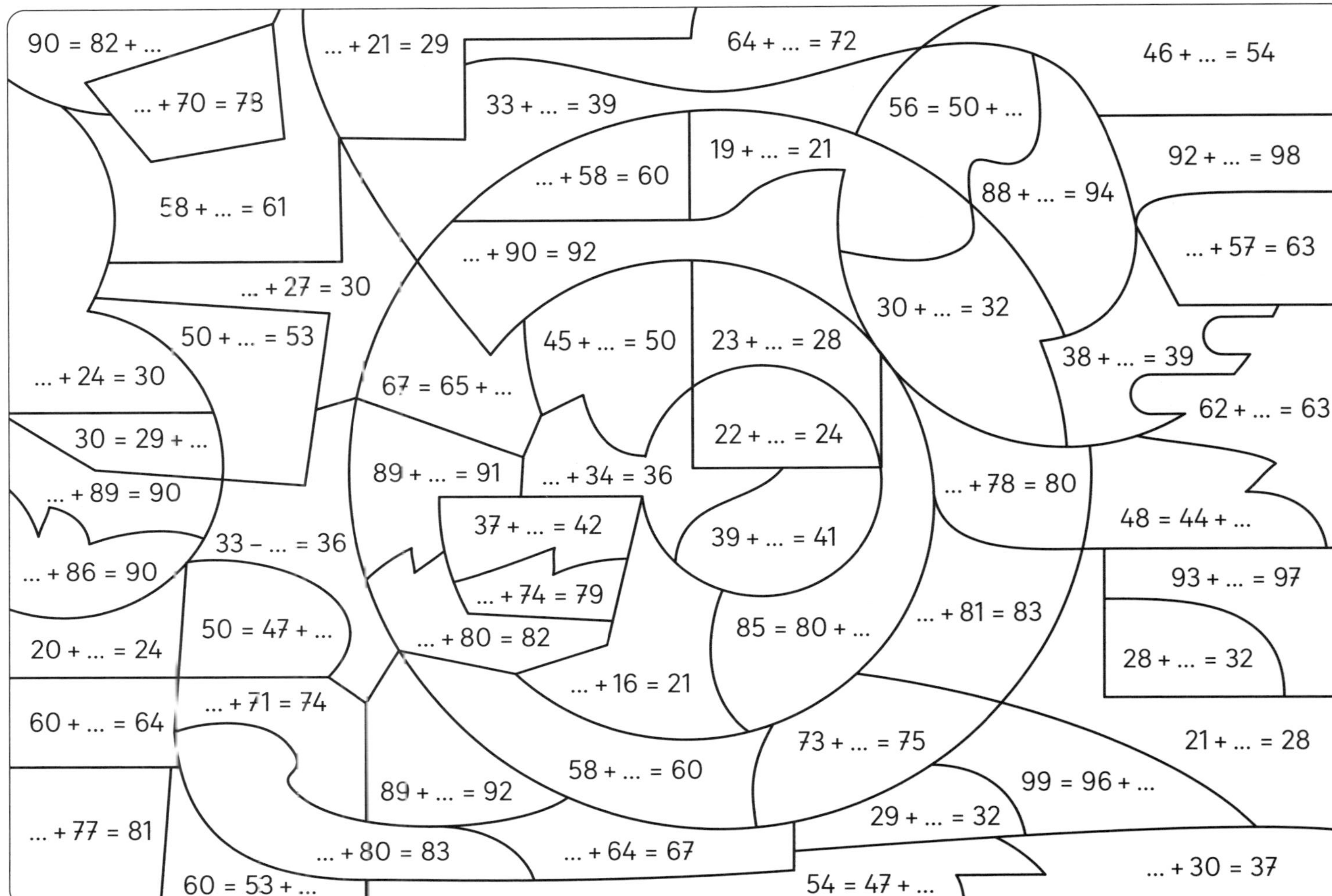

 © MDI, 2024 • *Fichier coloriages magiques, Calcul mental CE1.*

Photocopie autorisée pour une classe seulement.

COLORIAGES 18 MAGIQUES

Prénom : ....

Date : ....

Que vois-tu sur ce coloriage ?

....

....

Additionner deux nombres inférieurs à 100 (avec passage à la dizaine supérieure)

APPRÉCIATION

Calcule et colorie.

JAUNE	23	VIOLET	26	VERT	30	GRIS	35
MARRON	42	ORANGE	47	ROUGE	51	BLEU	54

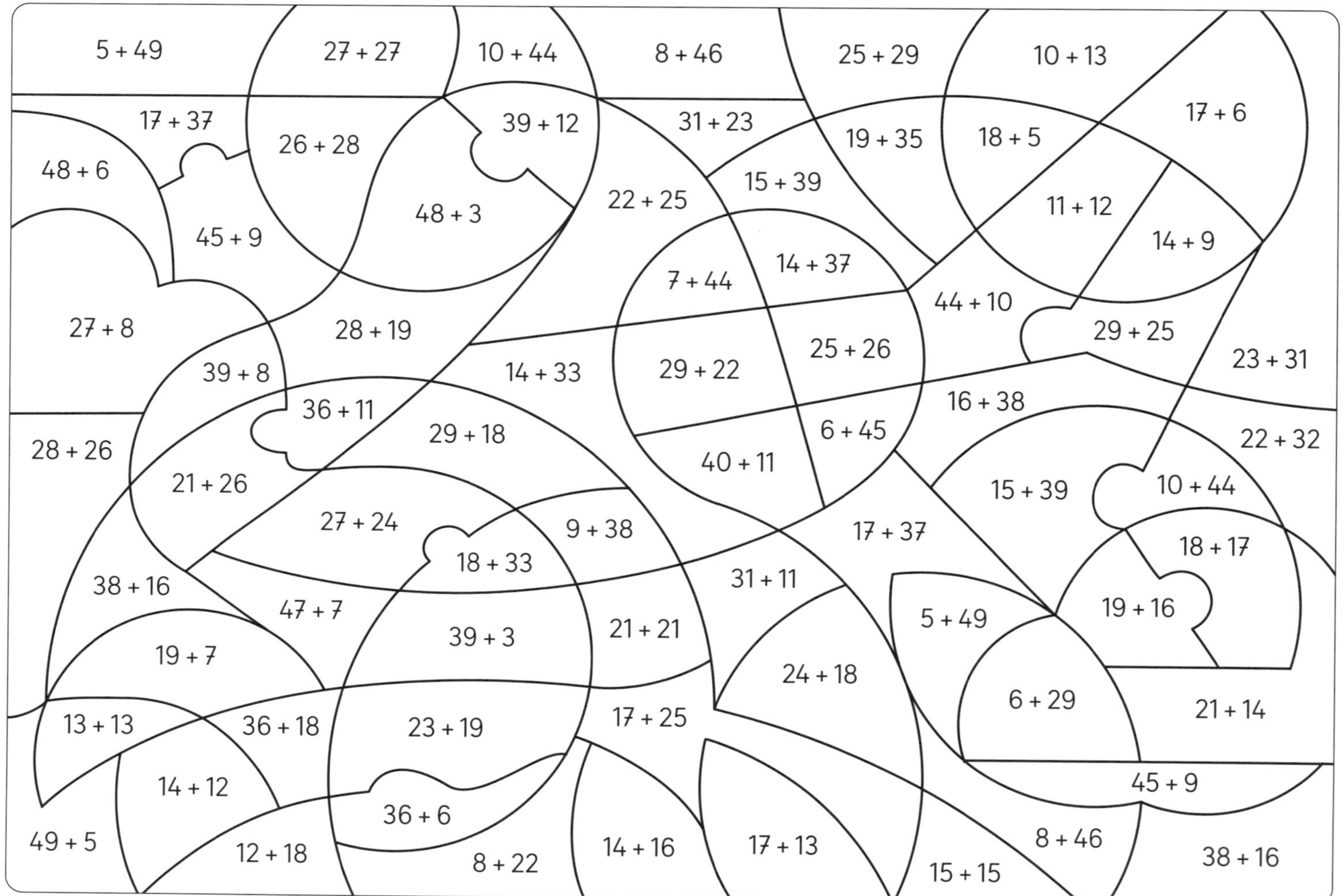

 © MDI, 2024 • *Fichier coloriages magiques, Calcul mental CE1.*

Photocopie autorisée pour une classe seulement.

COLORIAGES 19 MAGIQUES

Prénom : ....

Date : ....

Que vois-tu sur ce coloriage ?

....

....

Soustraire des unités à un nombre inférieur à 100 (avec passage à la dizaine inférieure)

APPRÉCIATION

Calcule et colorie.

NOIR	35	JAUNE	42
GRIS	47	MARRON	53
BLEU	56	ORANGE	66
VERT	68	ROUGE	75

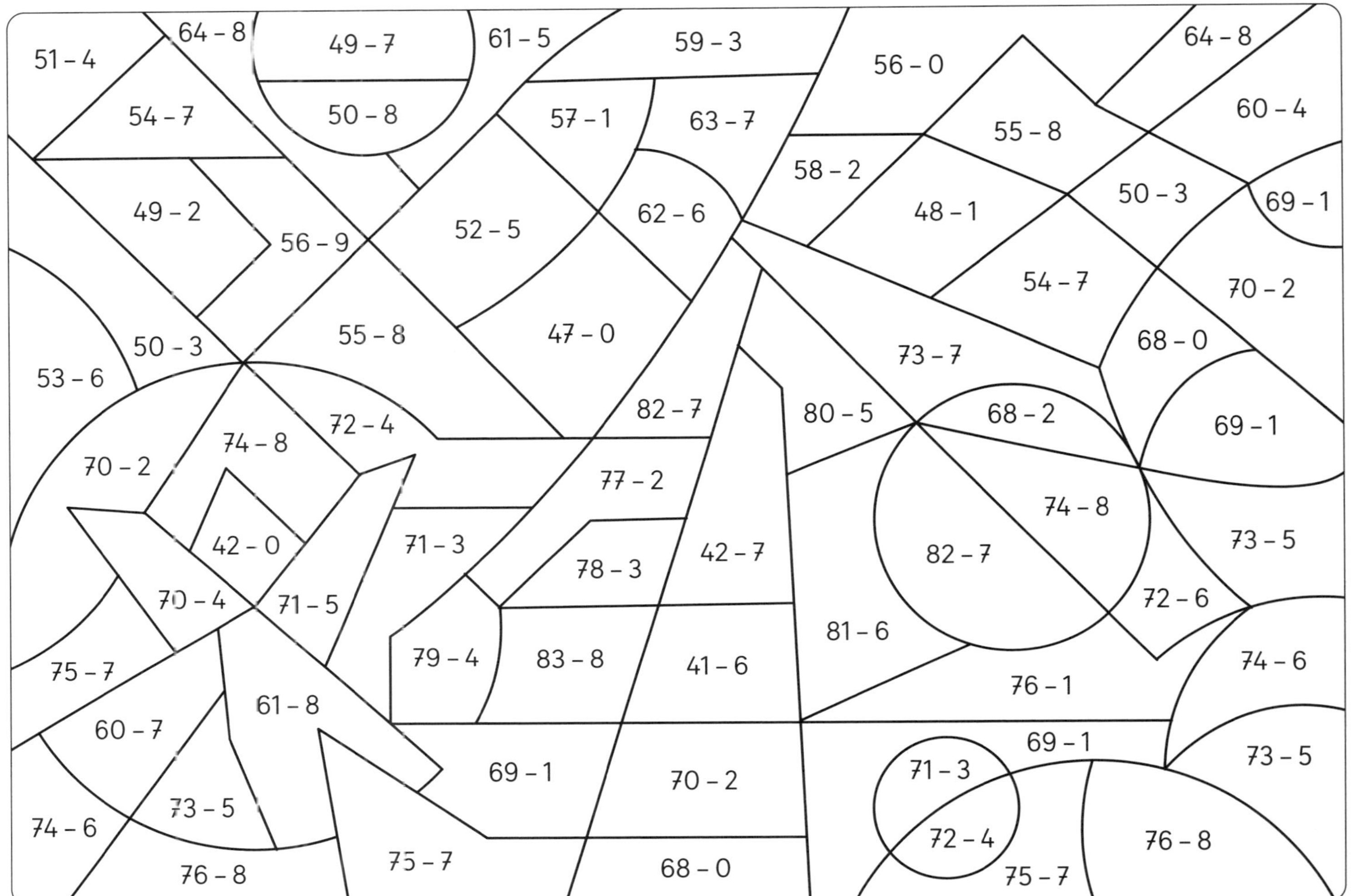

 © MDI, 2024 • *Fichier coloriages magiques, Calcul mental CE1.*

Photocopie autorisée pour une classe seulement.

COLORIAGES 20 MAGIQUES

Prénom : ....

Date : ....

Que vois-tu sur ce coloriage ?

....

....

Trouver le complément à 100 (dizaines entières)

APPRÉCIATION

Trouve le nombre manquant, puis colorie.

BLEU	10
ORANGE	20
JAUNE	30
GRIS	40
ROUGE	50
MARRON	60
VERT	70
NOIR	80

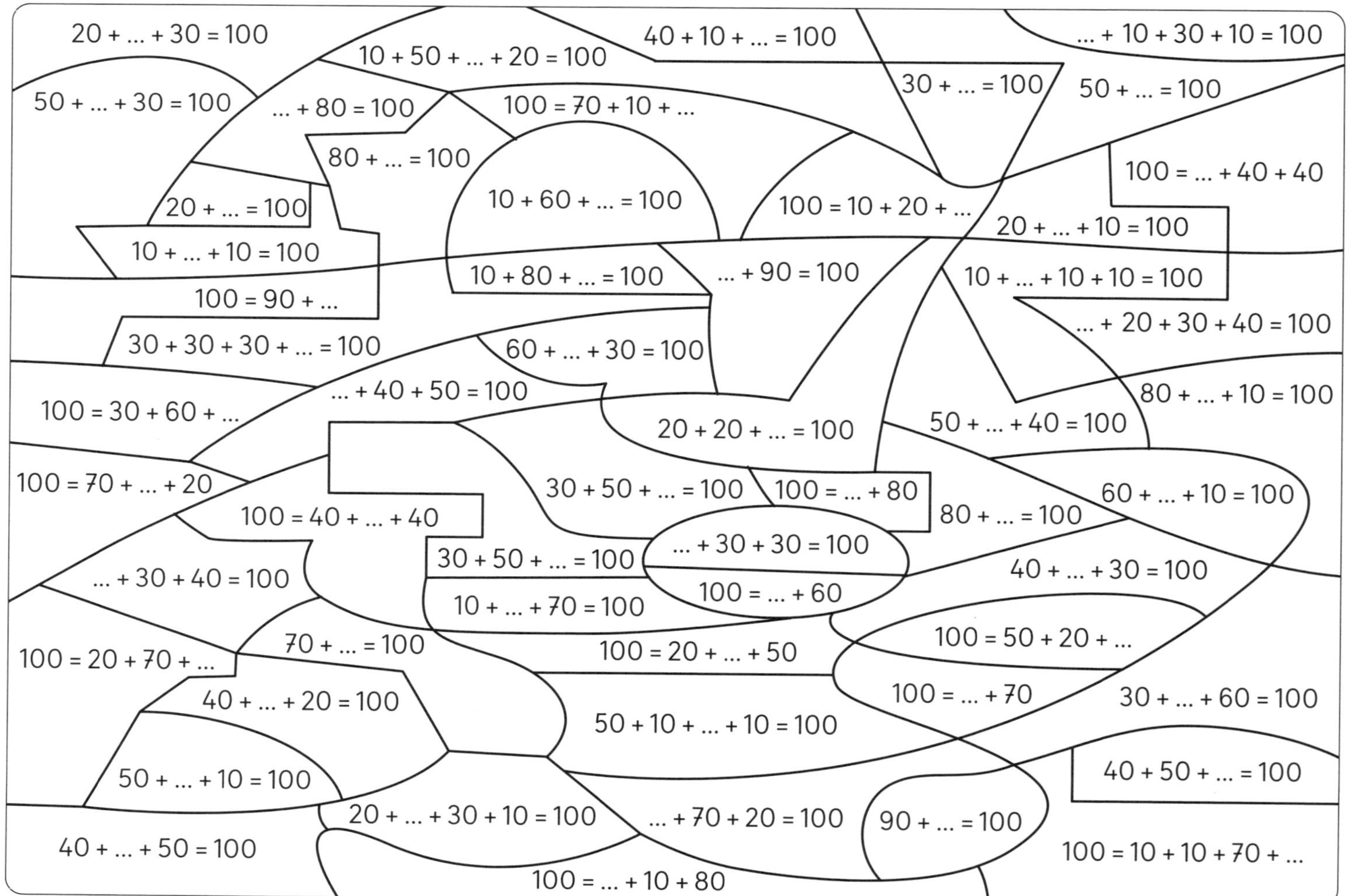

 © MDI, 2024 • *Fichier coloriages magiques, Calcul mental CE1.*

Photocopie autorisée pour une classe seulement.

COLORIAGES 21 MAGIQUES

Prénom : ....

Date : ....

Que vois-tu sur ce coloriage ?

....

....

Additionner des centaines et dizaines entières

APPRÉCIATION

Calcule et colorie.

MARRON	350
ORANGE	390
GRIS	420
VERT	490
ROUGE	530
JAUNE	570
BLEU	640
ROSE	670

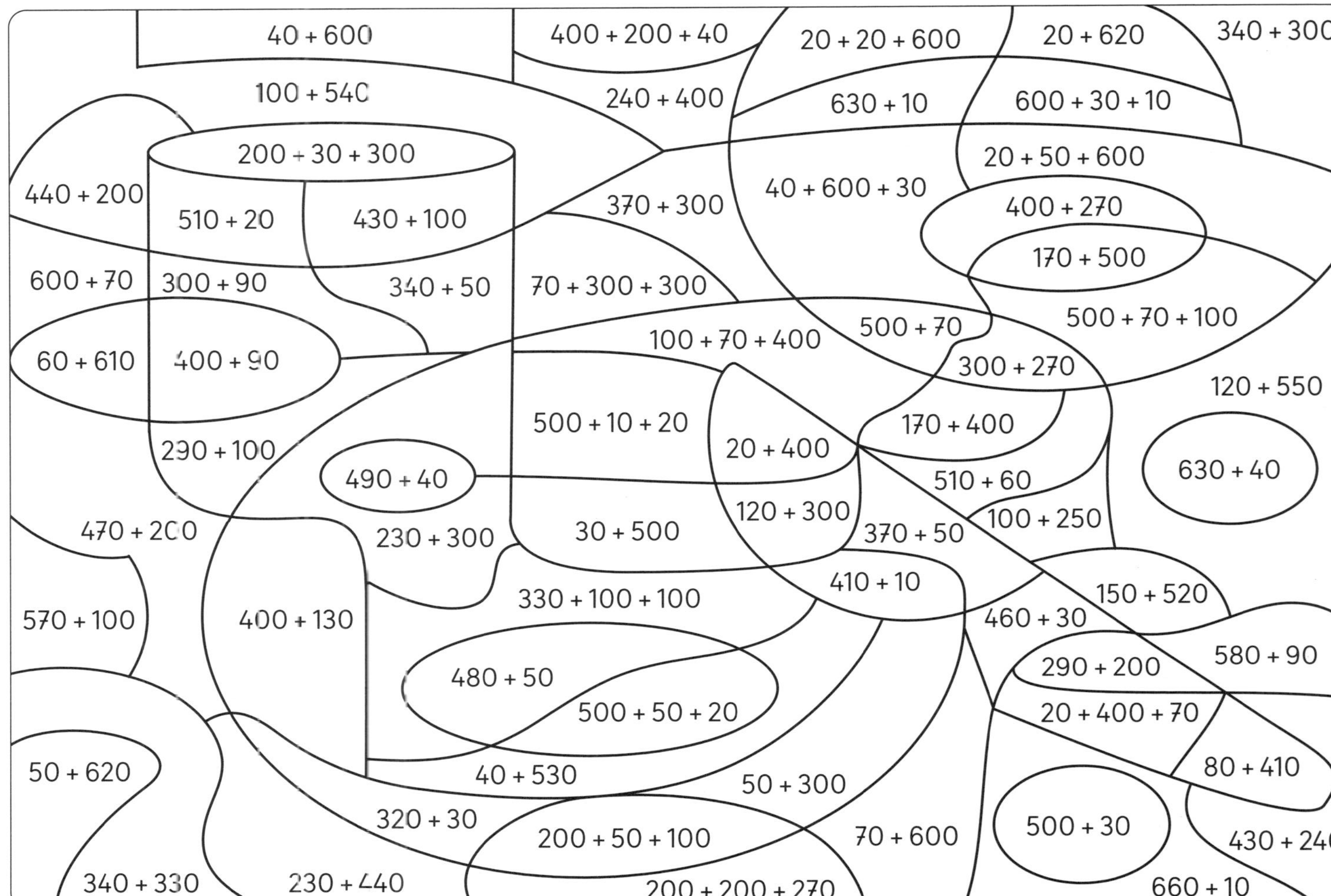

 © MDI, 2024 • *Fichier coloriages magiques, Calcul mental CE1.*

Photocopie autorisée pour une classe seulement.

COLORIAGES 22 MAGIQUES

Prénom : ....

Date : ....

Que vois-tu sur ce coloriage ?

....

....

Compléter une écriture additive pour atteindre la centaine supérieure (avec ajout de dizaines entières)

APPRÉCIATION

Trouve le nombre manquant, puis colorie.

ORANGE	20	ROUGE	30	ROSE	40	VERT	50
BLEU	60	GRIS	70	JAUNE	80	VIOLET	90

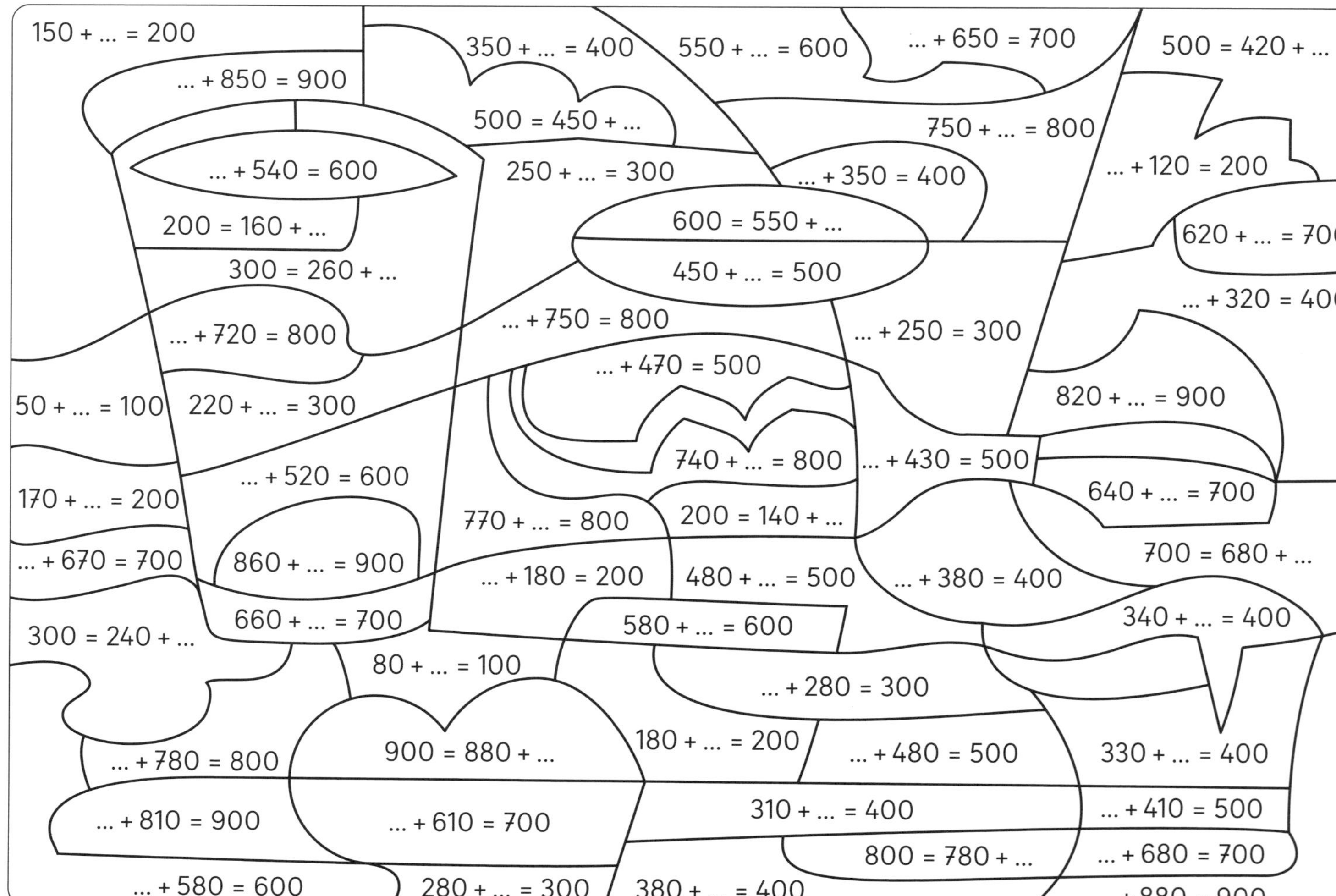

 © MDI, 2024 • *Fichier coloriages magiques, Calcul mental CE1.*

Photocopie autorisée pour une classe seulement.

COLORIAGES 23 MAGIQUES

Prénom : ....

Date : ....

Que vois-tu sur ce coloriage ?

....

....

Ajouter des centaines et/ou dizaines entières à un nombre

APPRÉCIATION

Calcule et colorie.

GRIS	548	ORANGE	568	VERT	768
VIOLET	798	ROUGE	976	JAUNE	996

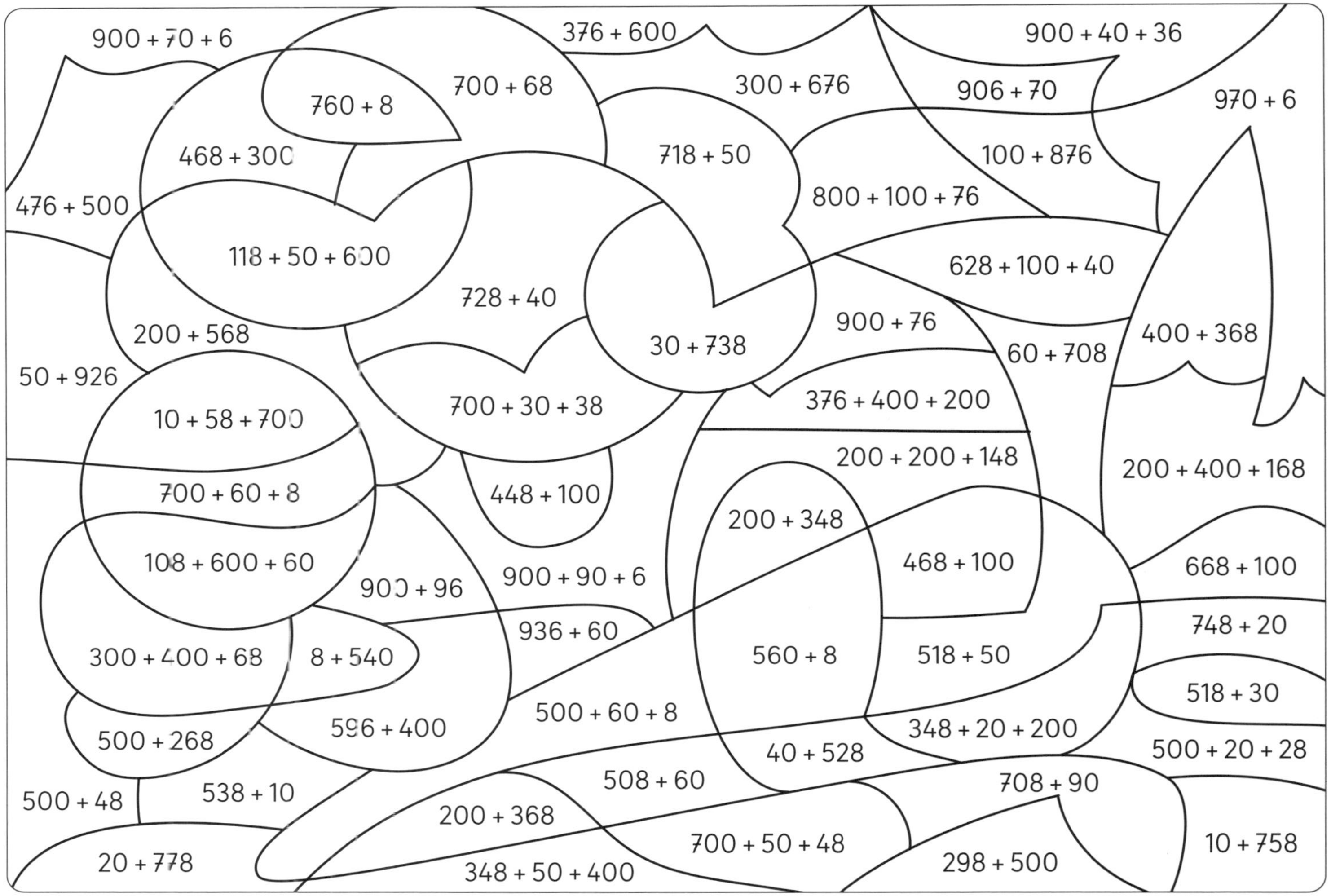

 © MDI, 2024 • *Fichier coloriages magiques, Calcul mental CE1.*

Photocopie autorisée pour une classe seulement.

COLORIAGES MAGIQUES 24

Prénom : ....

Date : ....

Que vois-tu sur ce coloriage ?

....

....

Soustraire des centaines ou dizaines entières à un nombre

APPRÉCIATION

Calcule et colorie.

ROUGE	255
ROSE	416
JAUNE	322
MARRON	422
GRIS	355
ORANGE	436

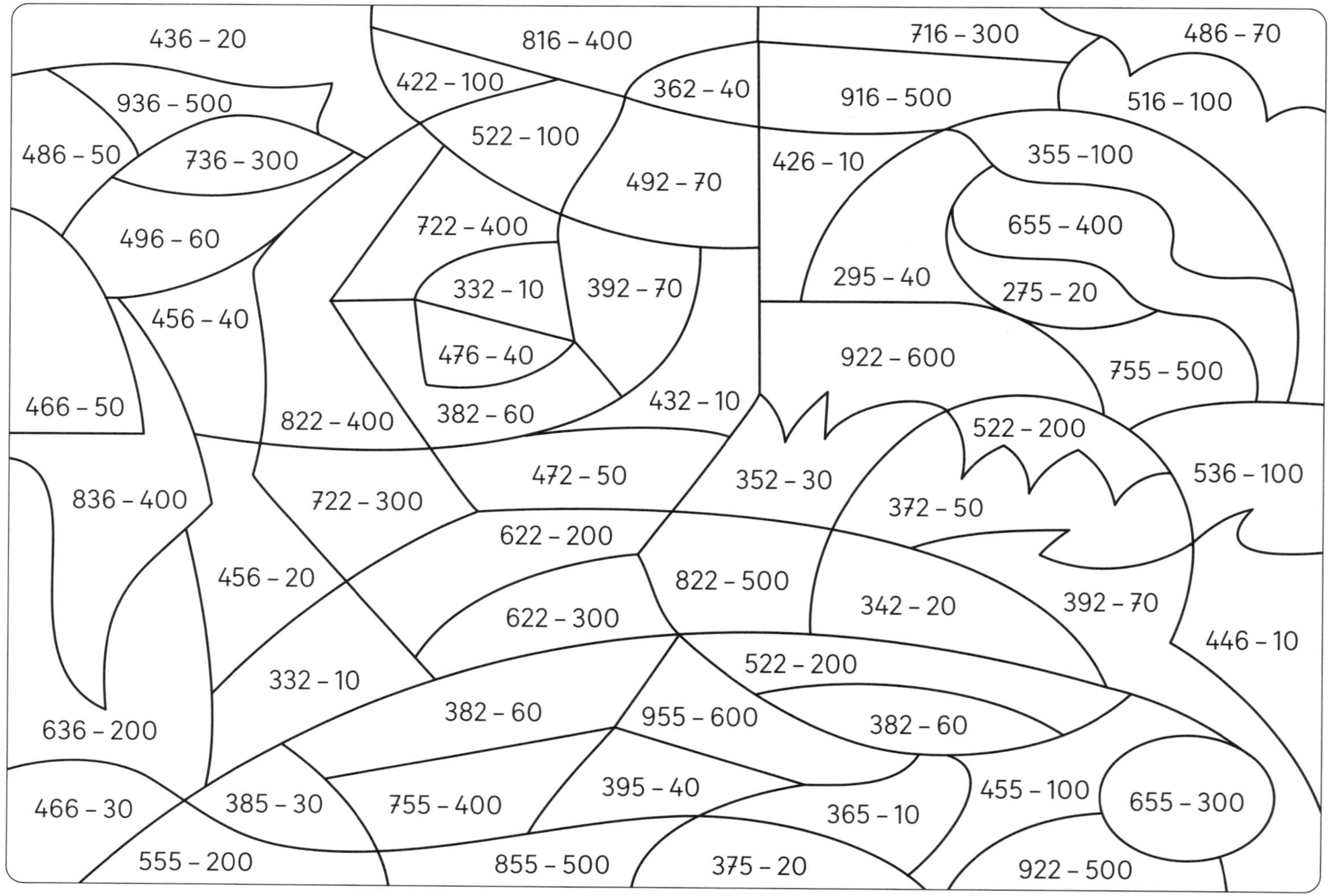

 © MDI, 2024 • *Fichier coloriages magiques, Calcul mental CE1.*

Photocopie autorisée pour une classe seulement.

COLORIAGES 25 MAGIQUES

Prénom : ....

Date : ....

Que vois-tu sur ce coloriage ?

....

....

Ajouter des dizaines à un nombre (avec passage à la centaine supérieure)

APPRÉCIATION

Calcule et colorie.

JAUNE	405	ROSE	425	VIOLET	445
BLEU	503	GRIS	533	NOIR	553

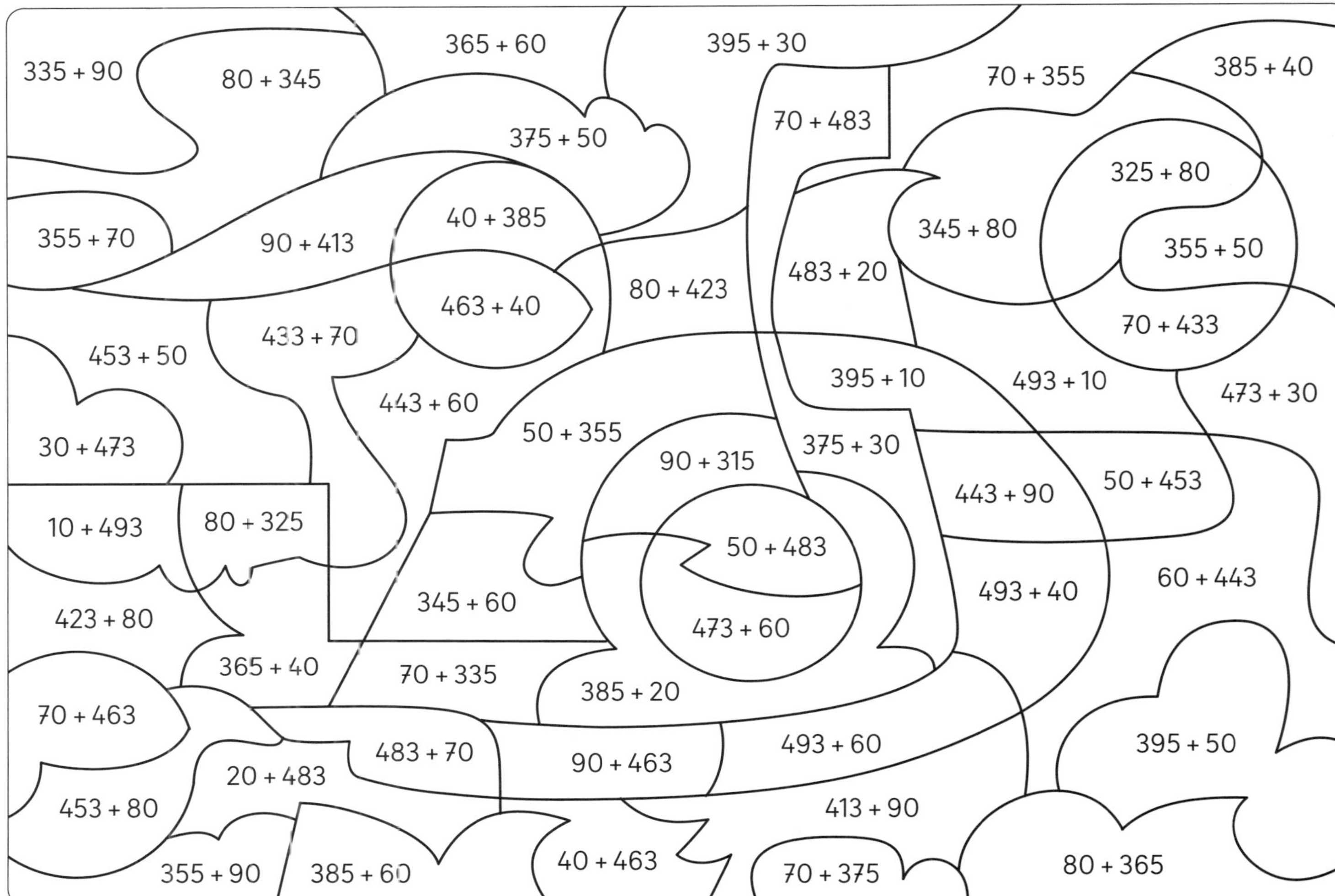

 © MDI, 2024 • *Fichier coloriages magiques, Calcul mental CE1.*

Photocopie autorisée pour une classe seulement.

COLORIAGES 26 MAGIQUES

Prénom : ....

Date : ....

Que vois-tu sur ce coloriage ?

....

....

Ajouter des unités à un nombre (sans passage à la dizaine supérieure)

APPRÉCIATION

Calcule et colorie.

BLEU	146	ROUGE	148	JAUNE	156
VERT	159	ROSE	165	VIOLET	167

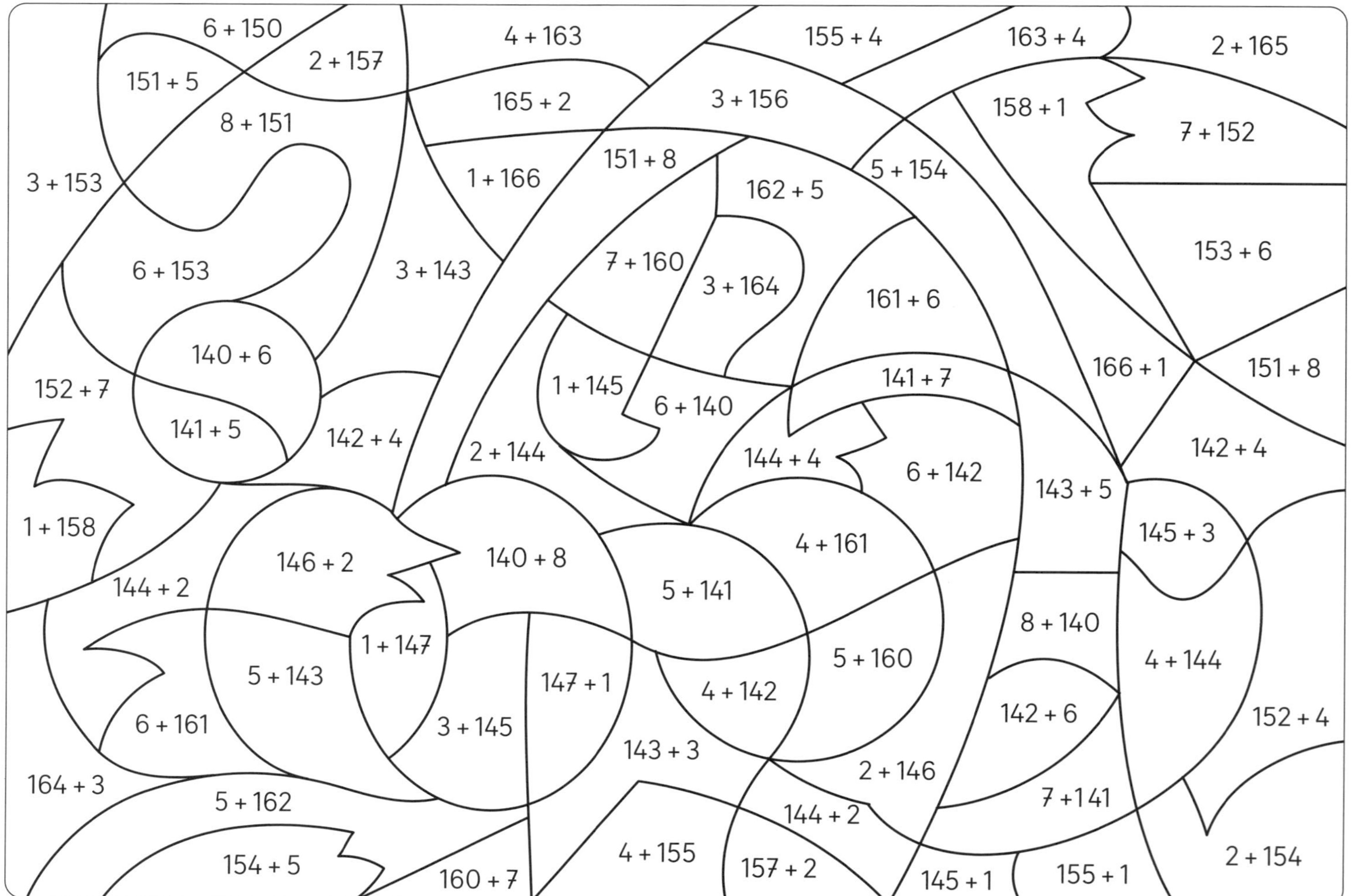

© MDI, 2024 • *Fichier coloriages magiques, Calcul mental CE1.*
Photocopie autorisée pour une classe seulement.

COLORIAGES 27 MAGIQUES

Prénom : ....

Date : ....

Que vois-tu sur ce coloriage ?

....

....

Soustraire des unités à un nombre (sans passage à la dizaine inférieure)

APPRÉCIATION

Calcule et colorie.

MARRON 51	VIOLET 71	GRIS 153	VERT 164
ROUGE 177	ROSE 262	JAUNE 266	NOIR 273

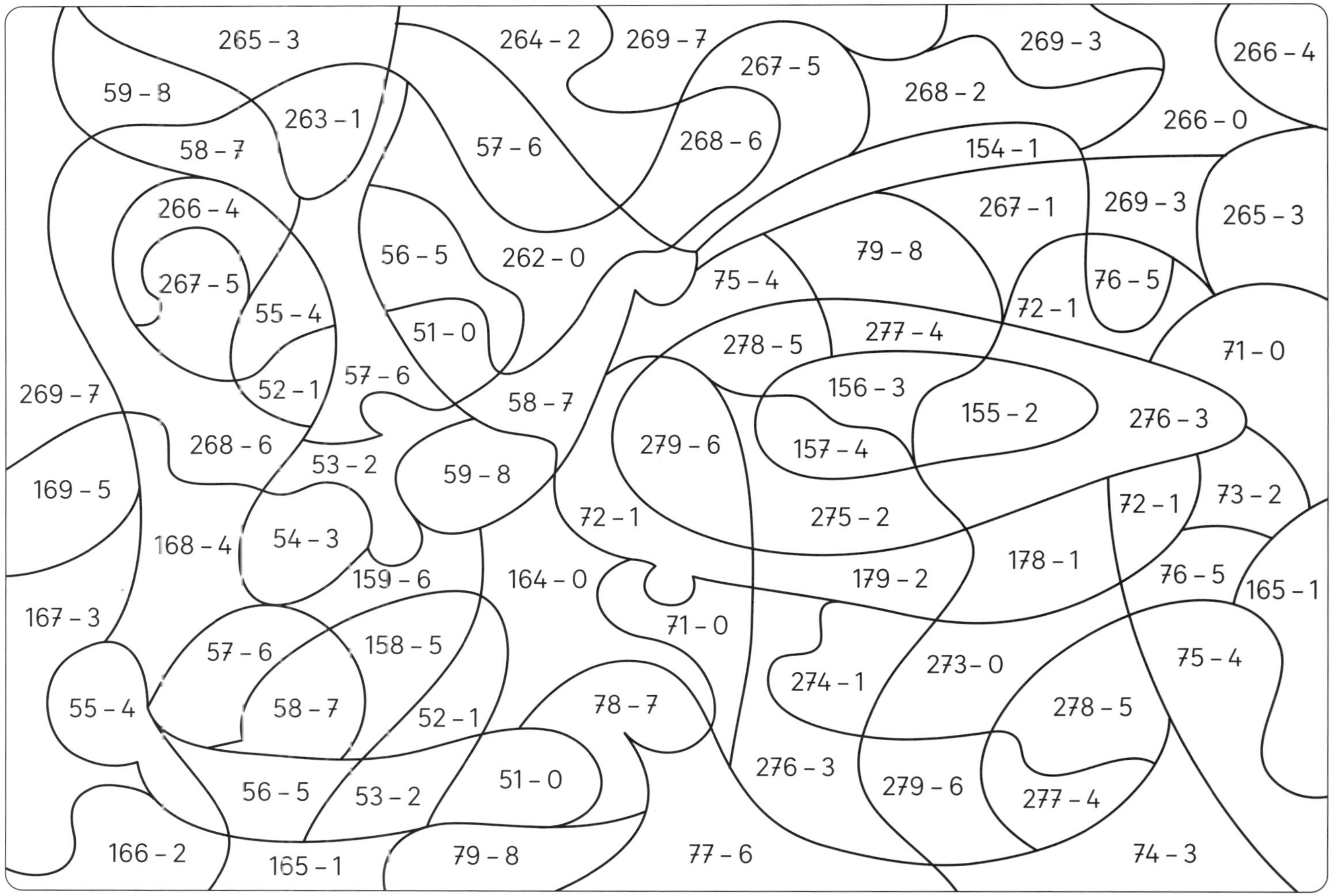

© MDI, 2024 • *Fichier coloriages magiques, Calcul mental CE1.*

Photocopie autorisée pour une classe seulement.

COLORIAGES 28 MAGIQUES

Prénom : ....

Date : ....

Que vois-tu sur ce coloriage ?

....

....

Ajouter 9, 19 ou 29 à un nombre

APPRÉCIATION

Calcule et trouve le chiffre des unités de chaque résultat, puis colorie.

BLEU	2 unités	VIOLET	3 unités	ORANGE	4 unités	JAUNE	5 unités
VERT	6 unités	ROSE	7 unités	MARRON	8 unités	GRIS	9 unités

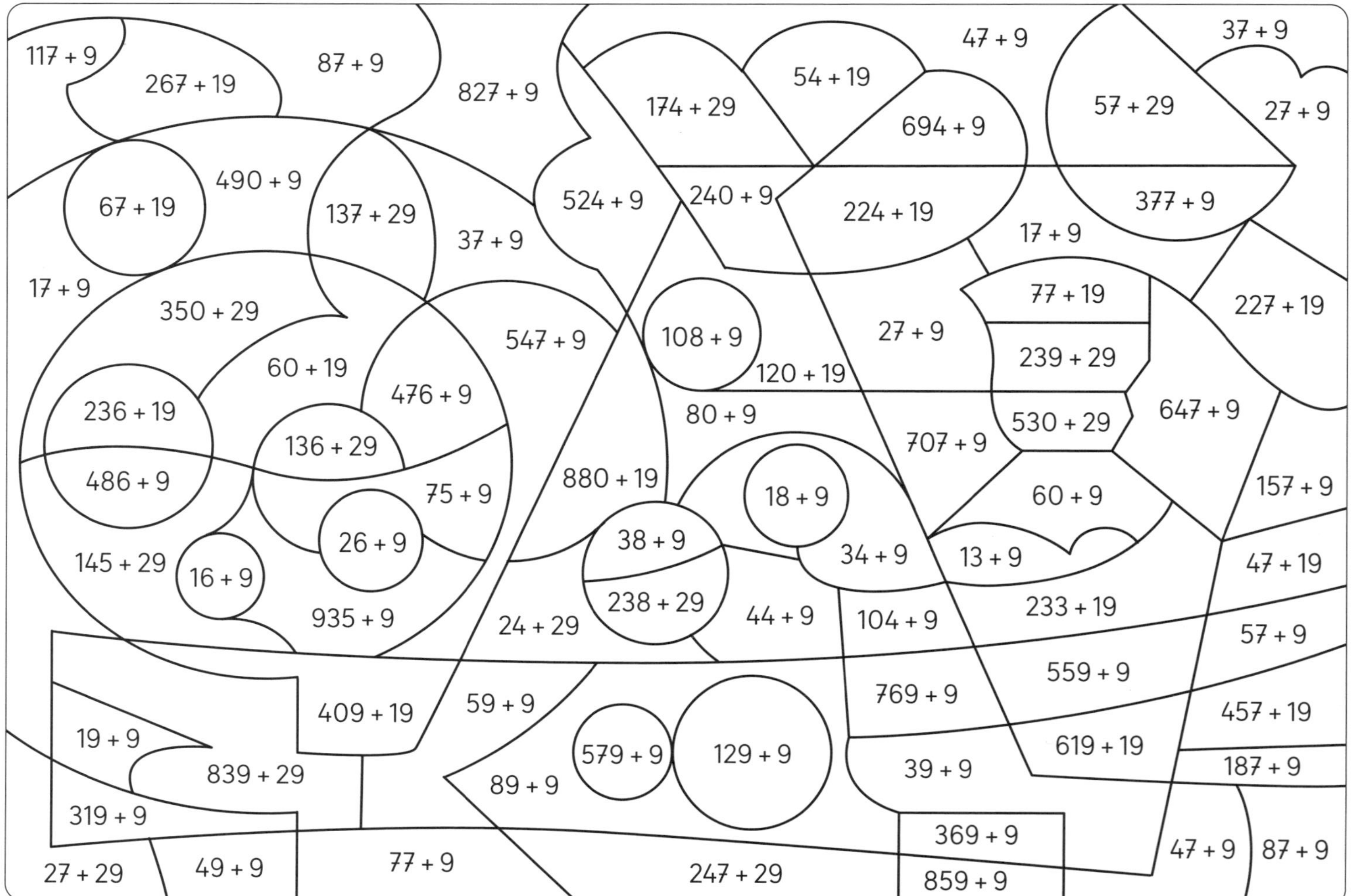

© MDI, 2024 • *Fichier coloriages magiques, Calcul mental CE1.*
Photocopie autorisée pour une classe seulement.

COLORIAGES 29 MAGIQUES

Prénom : ....

Date : ....

Que vois-tu sur ce coloriage ?

....

....

Soustraire 9 à un nombre

APPRÉCIATION

Calcule et trouve le chiffre des unités de chaque résultat, puis colorie.

ORANGE	2 unités	GRIS	3 unités	JAUNE	4 unités	VERT	5 unités
BLEU	6 unités	NOIR	7 unités	MARRON	8 unités	ROUGE	9 unités

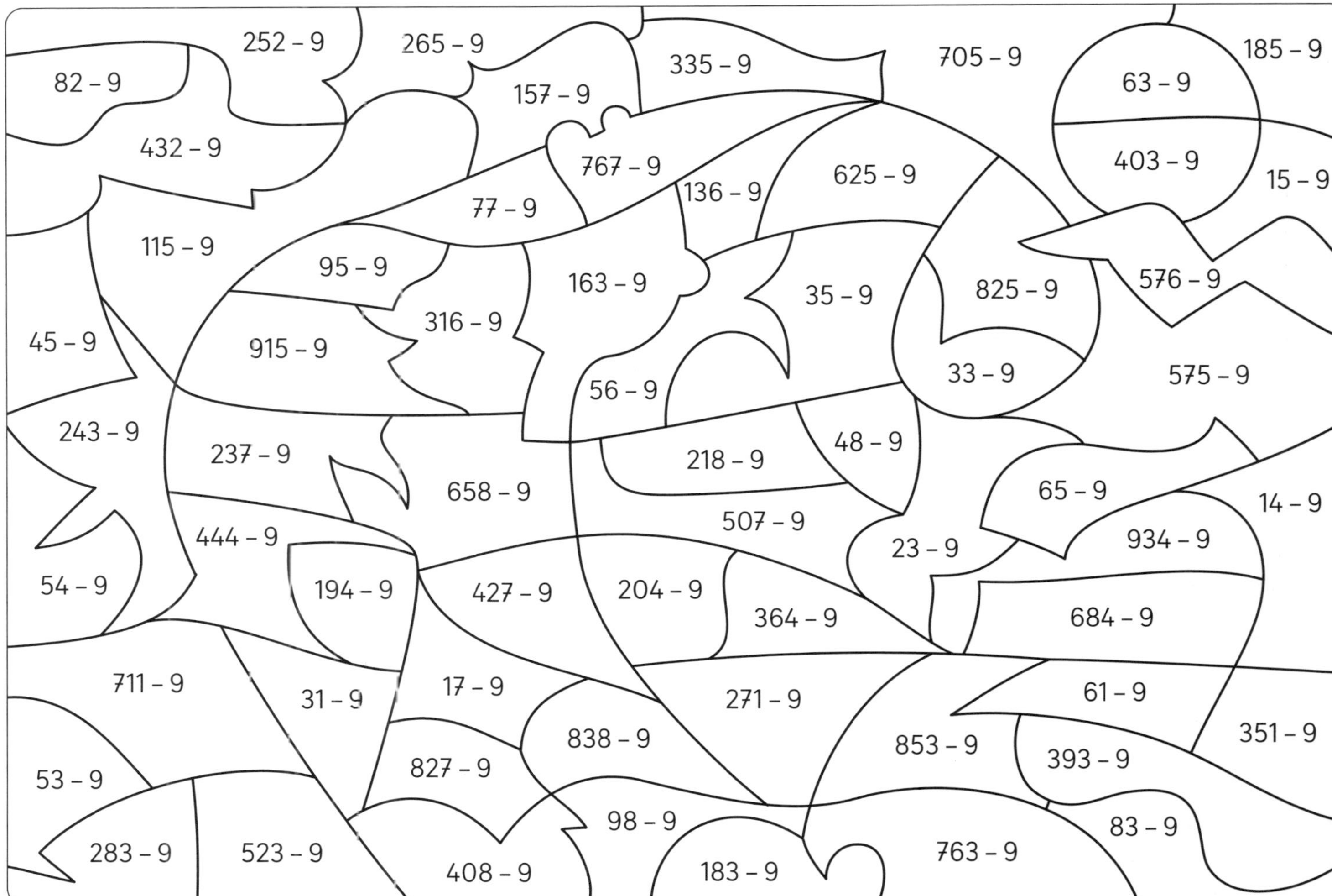

 © MDI, 2024 • *Fichier coloriages magiques, Calcul mental CE1.*

Photocopie autorisée pour une classe seulement.

COLORIAGES 30 MAGIQUES

Prénom : ....

Date : ....

Que vois-tu sur ce coloriage ?
....
....

Connaitre les tables de multiplication de 2 et 3

APPRÉCIATION

Calcule et colorie.

VERT	0 à 5	JAUNE	6 à 10	BLEU	11 à 15
MARRON	16 à 20	ROUGE	21 à 25	GRIS	26 à 30

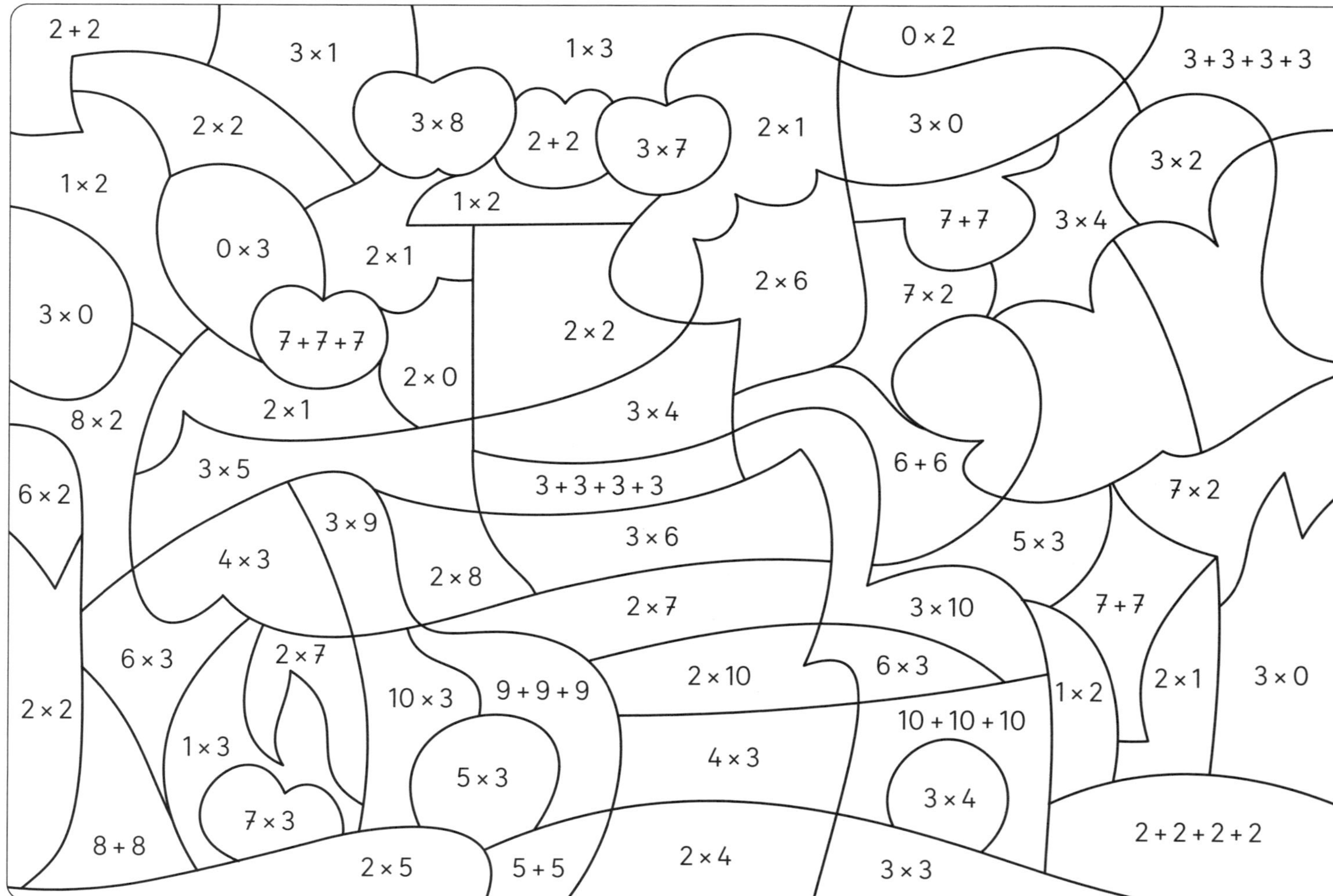

 © MDI, 2024 • *Fichier coloriages magiques, Calcul mental CE1.*

Photocopie autorisée pour une classe seulement.

COLORIAGES 31 MAGIQUES

Prénom : ....

Date : ....

Que vois-tu sur ce coloriage ?

....

....

Connaitre les tables de multiplication de 4 et 5

APPRÉCIATION

Calcule et colorie.

GRIS	0 à 9
JAUNE	10 à 15
VIOLET	16 à 20
BLEU	21 à 25
ROUGE	26 à 30
VERT	31 à 35
ORANGE	36 à 40
NOIR	41 à 50

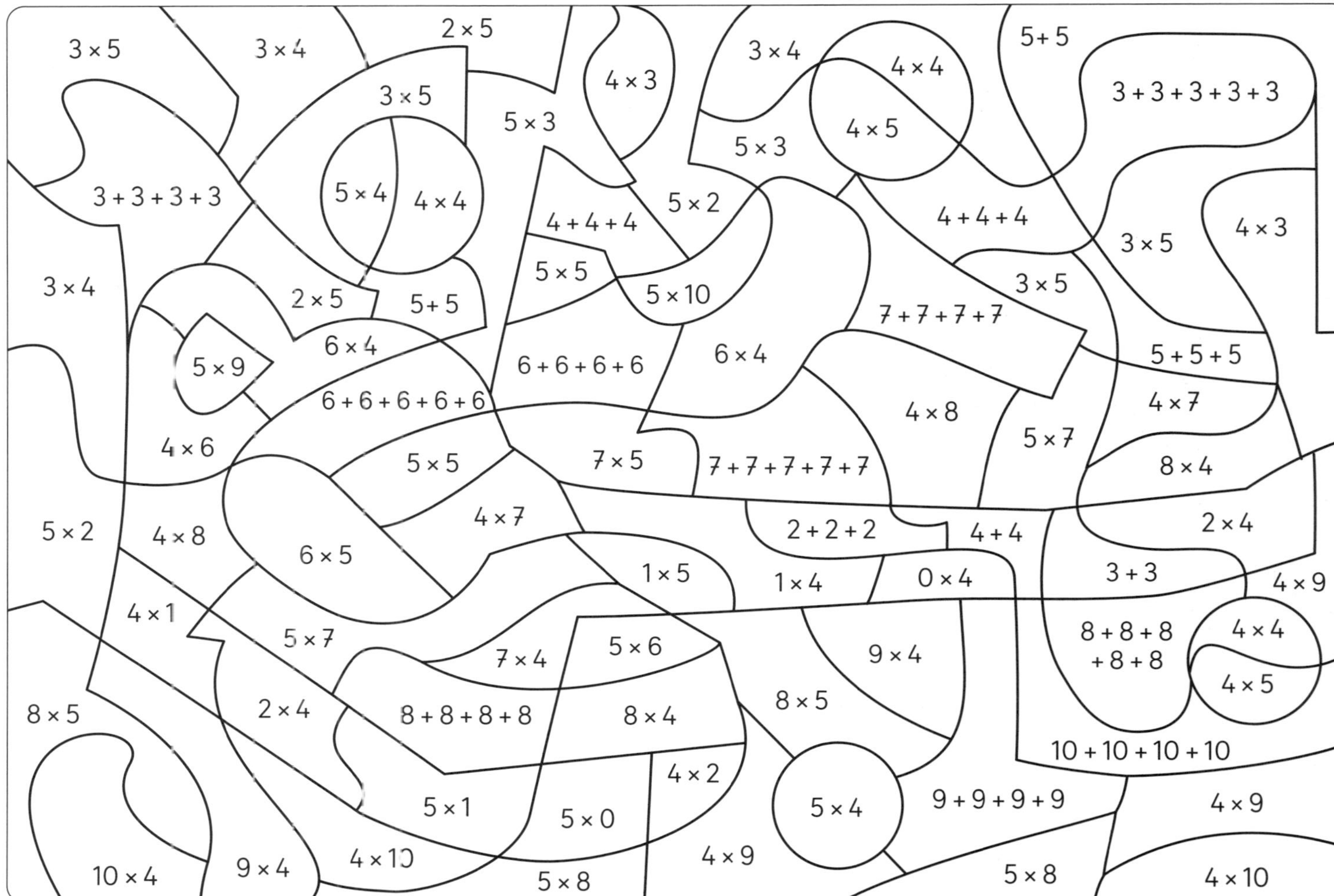

 © MDI, 2024 • *Fichier coloriages magiques, Calcul mental CE1.*

Photocopie autorisée pour une classe seulement.

COLORIAGES 32 MAGIQUES

Prénom : ....

Date : ....

Que vois-tu sur ce coloriage ?

....

....

Connaitre les tables de multiplication de 2, 5 et 10

APPRÉCIATION

Trouve le nombre manquant, puis colorie.

BLEU	1	ROSE	2	JAUNE	3
NOIR	4	MARRON	5	VERT	10

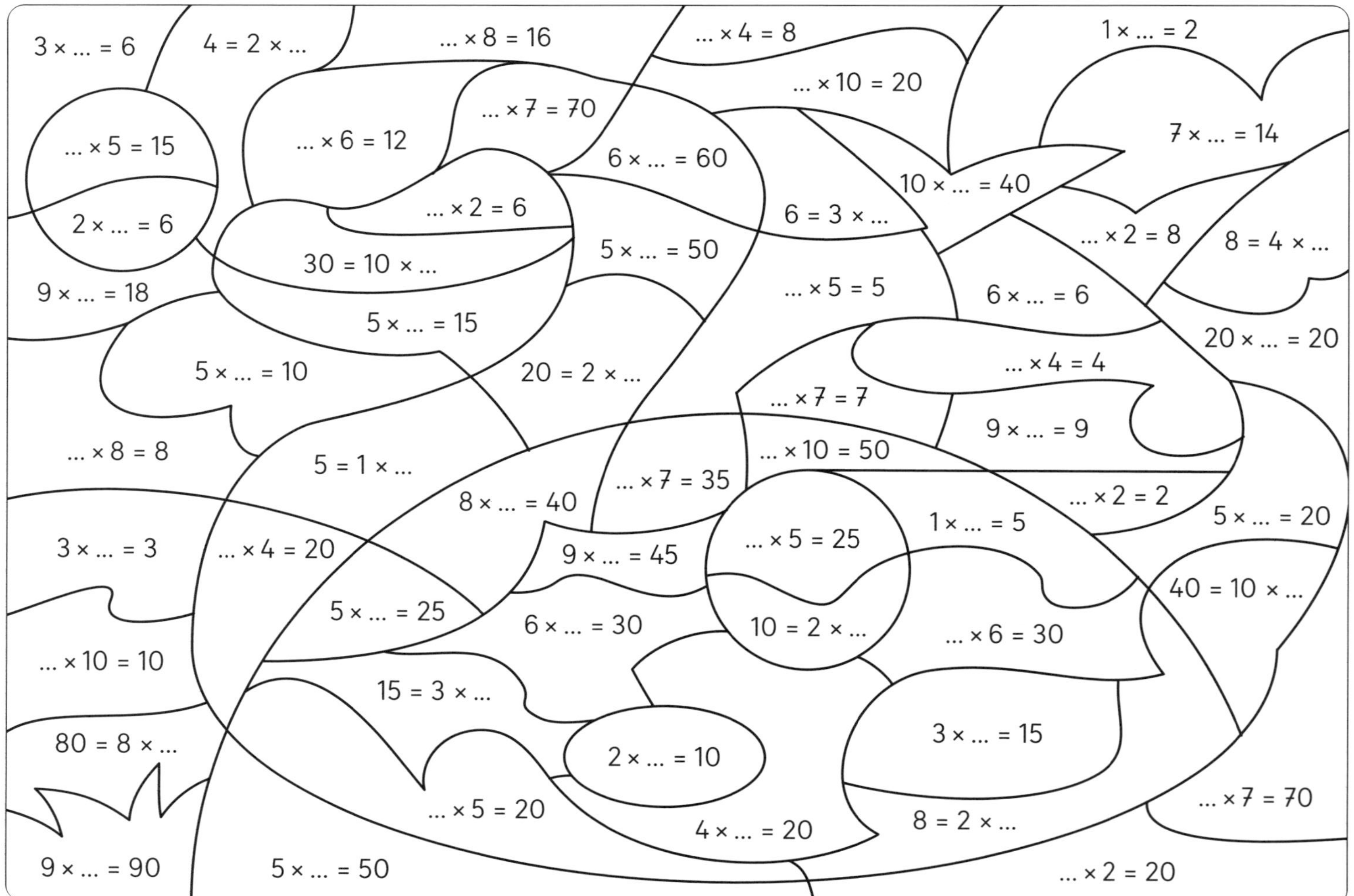

 © MDI, 2024 • *Fichier coloriages magiques, Calcul mental CE1.*

Photocopie autorisée pour une classe seulement.

COLORIAGES 33 MAGIQUES

Prénom : ....

Date : ....

Que vois-tu sur ce coloriage ?

....

....

Connaitre les tables de multiplication de 2, 3, 4, 5 et 10

APPRÉCIATION

Calcule et colorie.

ORANGE	0 à 9	BLEU	10 à 15	VERT	16 à 20	VIOLET	21 à 25
GRIS	26 à 30	JAUNE	31 à 35	ROUGE	36 à 40	NOIR	41 à 50

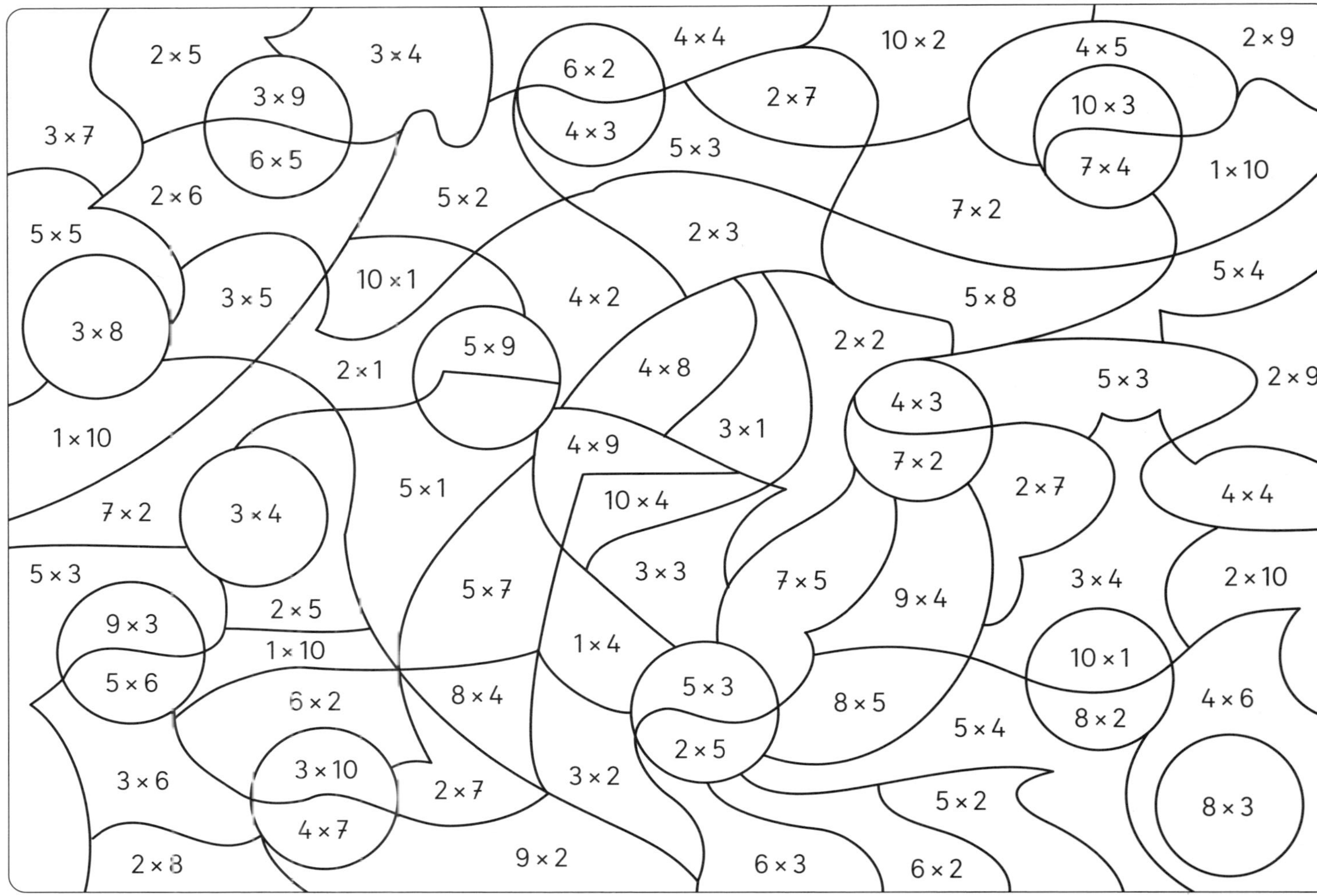

© MDI, 2024 • *Fichier coloriages magiques, Calcul mental CE1.*

Photocopie autorisée pour une classe seulement.

COLORIAGES 34 MAGIQUES

Prénom : ....

Date : ....

Que vois-tu sur ce coloriage ?

....

....

Connaitre les tables de multiplication de 6, 7, 8 et 9

APPRÉCIATION

Calcule et colorie.

VIOLET	5 à 14	JAUNE	15 à 24	ROSE	25 à 34	BLEU	35 à 44
GRIS	45 à 54	MARRON	55 à 64	VERT	65 à 74	ROUGE	75 à 94

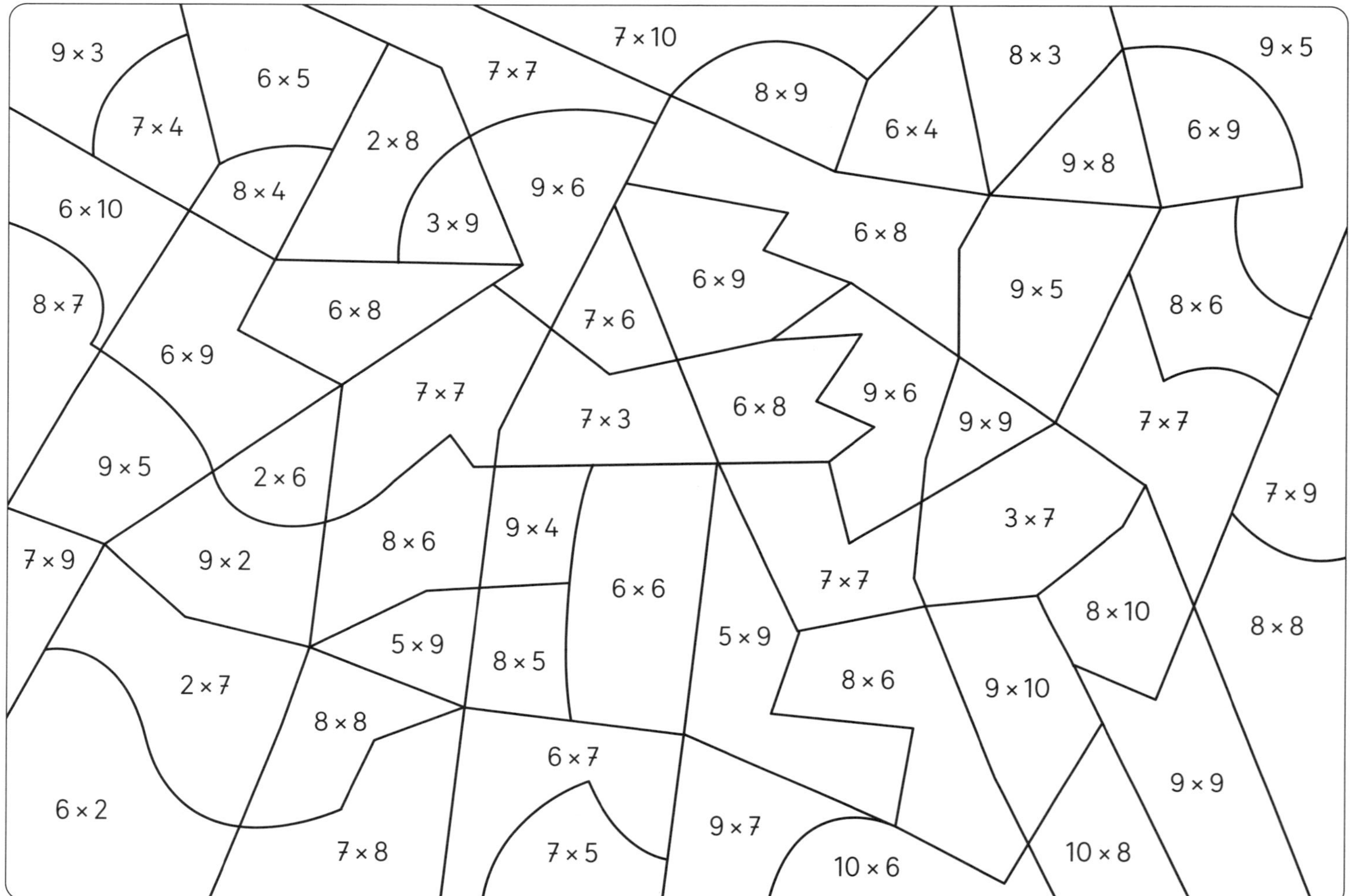

 © MDI, 2024 • *Fichier coloriages magiques, Calcul mental CE1.*

Photocopie autorisée pour une classe seulement.

COLORIAGES 35 MAGIQUES

Prénom : ....

Date : ....

Que vois-tu sur ce coloriage ?

....

....

Multiplier des nombres supérieurs à 10 (par 2, 10, 25...)

APPRÉCIATION

Trouve le nombre manquant, puis colorie.

JAUNE	1
MARRON	4
VIOLET	2
ORANGE	10
BLEU	3
VERT	25

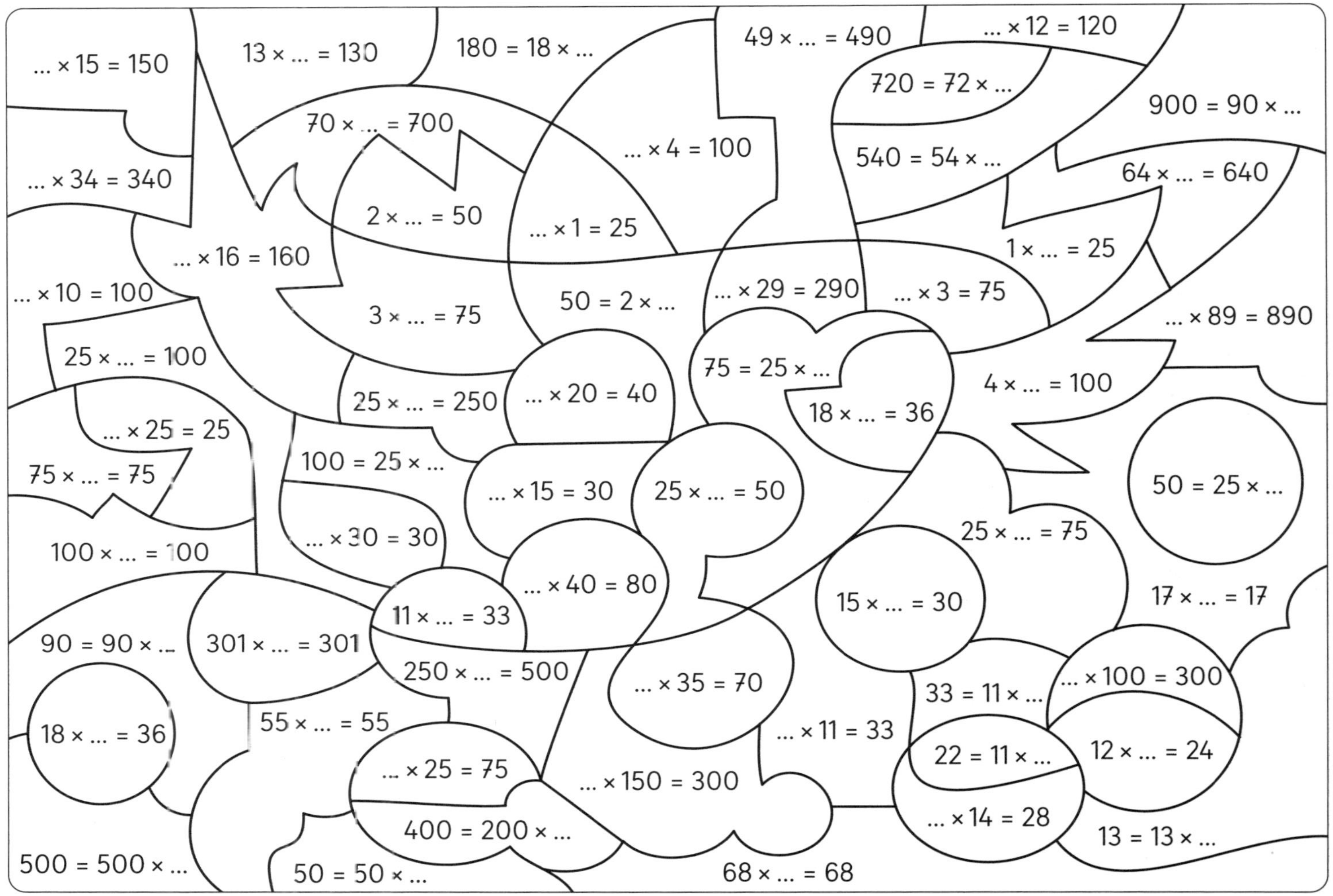

 © MDI, 2024 • *Fichier coloriages magiques, Calcul mental CE1*.

Photocopie autorisée pour une classe seulement.

COLORIAGES 36 MAGIQUES

Prénom : ....

Date : ....

Que vois-tu sur ce coloriage ?

....

....

Multiplier un nombre compris entre 11 et 19 par un nombre inférieur à 10

APPRÉCIATION

Calcule et colorie.

JAUNE	32 à 39
BLEU	56 à 63
ROUGE	40 à 47
ORANGE	64 à 71
VERT	48 à 55
NOIR	72 à 80

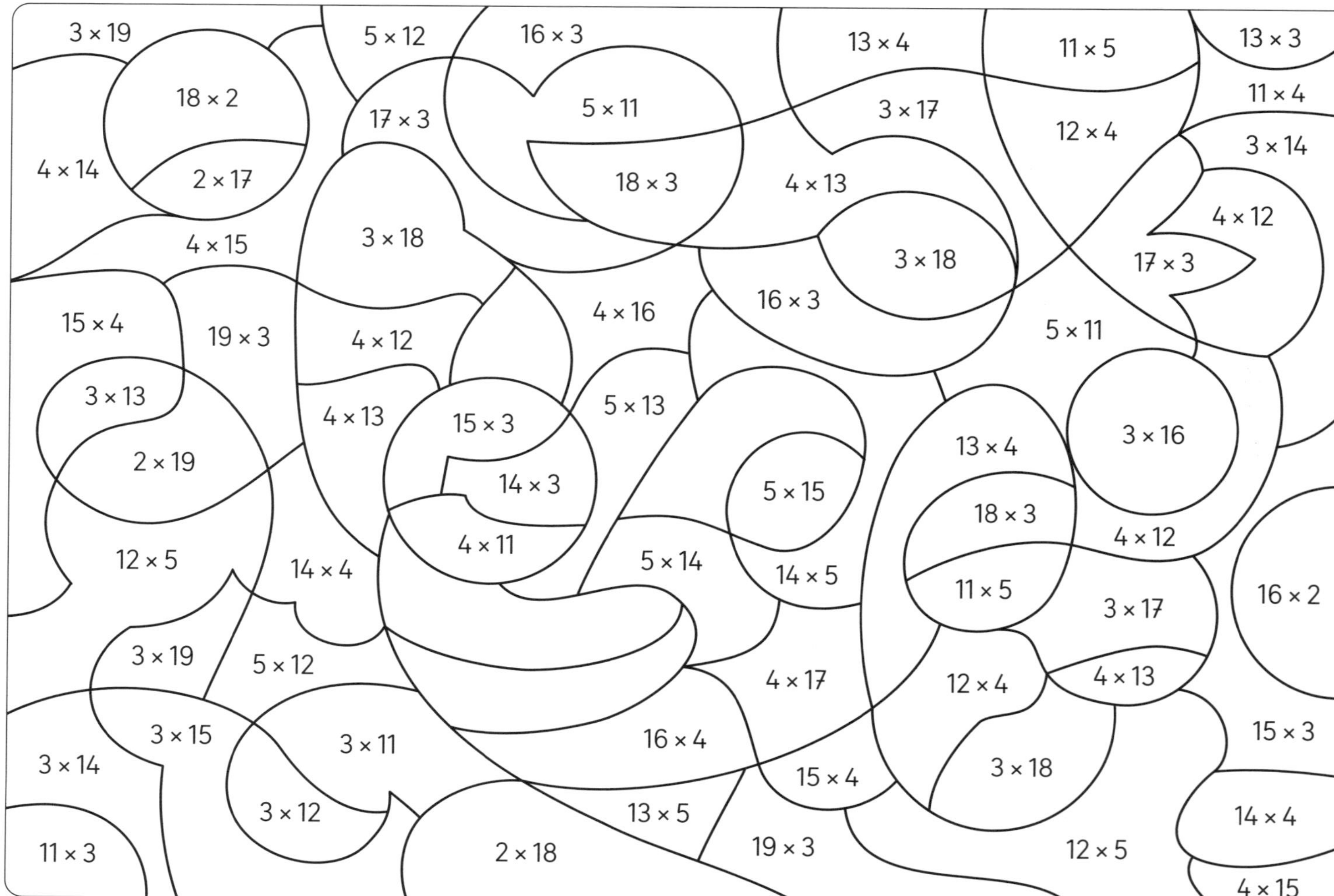

© MDI, 2024 • *Fichier coloriages magiques, Calcul mental CE1.*

Photocopie autorisée pour une classe seulement.

COLORIAGES 37 MAGIQUES

Prénom : ....

Date : ....

Que vois-tu sur ce coloriage ?

....

....

Connaitre des petits doubles de 1 à 15

APPRÉCIATION

Trouve le résultat ou le nombre correspondant, puis colorie.

ROSE	1 ou 2
VERT	4 ou 18
MARRON	6 ou 20
NOIR	8 ou 22
BLEU	10 ou 24
JAUNE	12 ou 26
ROUGE	14 ou 28
ORANGE	16 ou 30

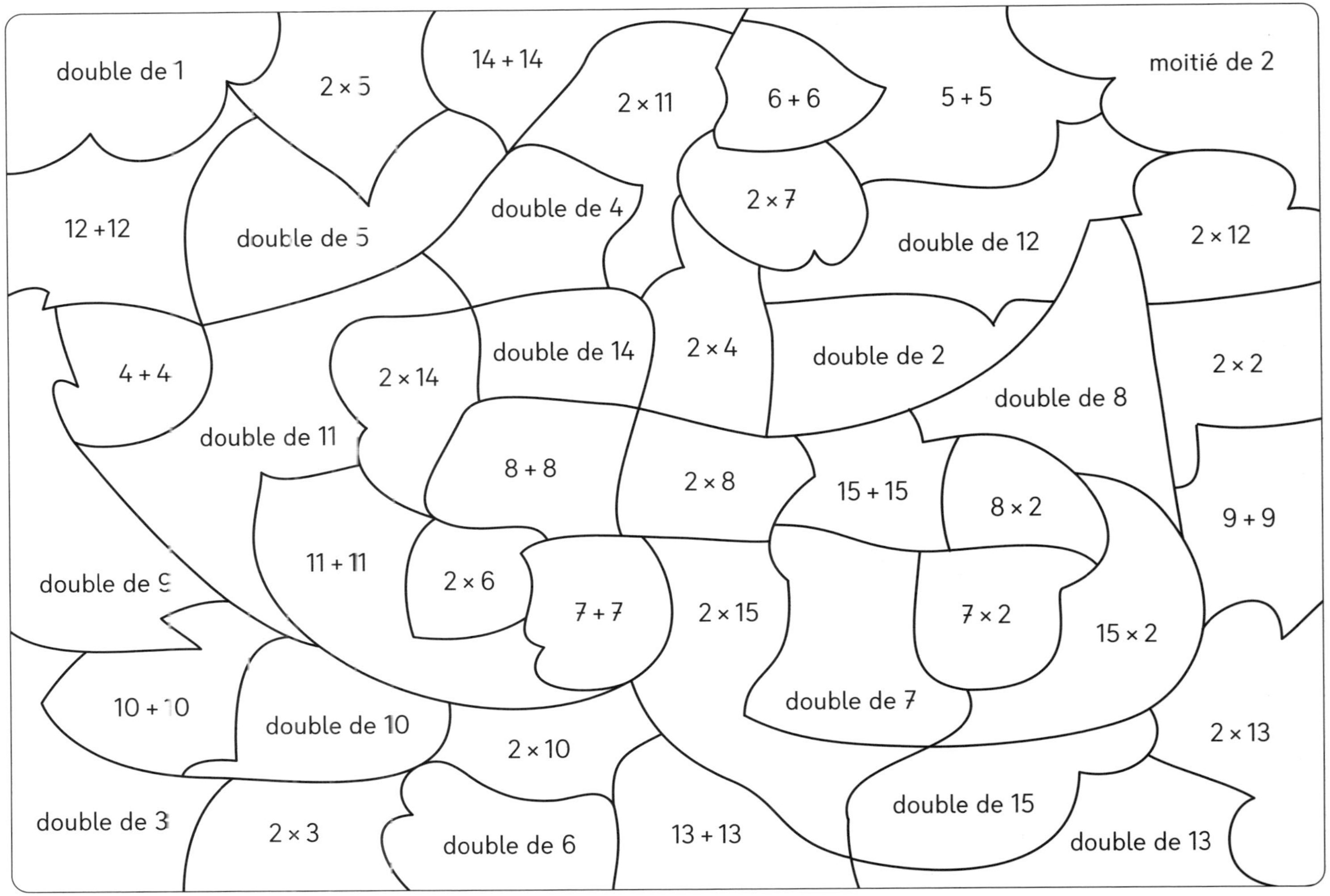

 © MDI, 2024 • *Fichier coloriages magiques, Calcul mental CE1.*

Photocopie autorisée pour une classe seulement.

COLORIAGES 38 MAGIQUES

Prénom : ....

Date : ....

Que vois-tu sur ce coloriage ?

....

....

Connaitre des doubles et des moitiés usuels (jusqu'à 100)

APPRÉCIATION

Trouve le résultat ou le nombre correspondant, puis colorie.

ROUGE	4 ou 18
JAUNE	6 ou 20
NOIR	8 ou 25
ROSE	9 ou 30
BLEU	10 ou 40
ORANGE	12 ou 50
GRIS	14 ou 70
VIOLET	16 ou 100

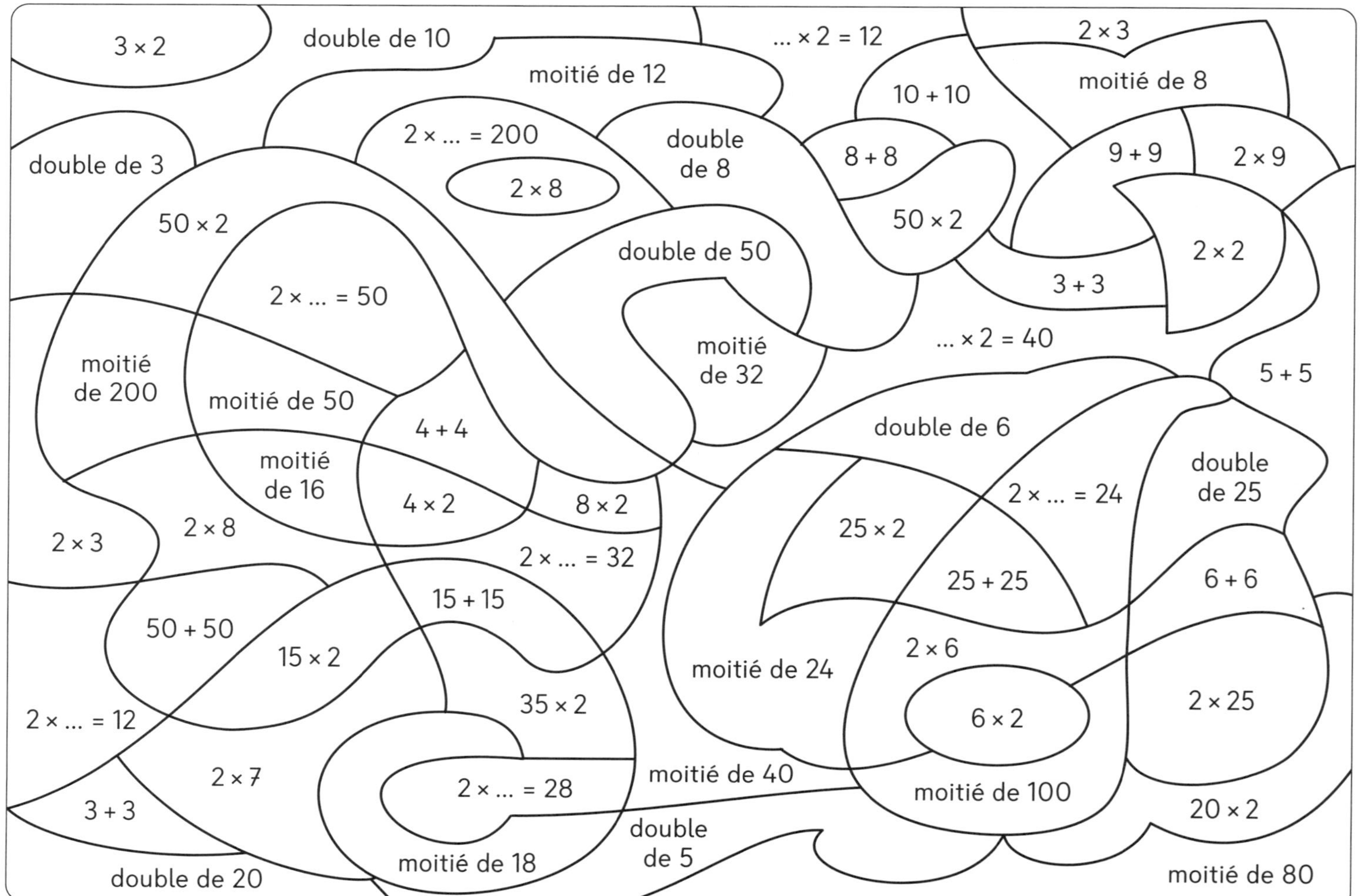

 © MDI, 2024 • *Fichier coloriages magiques, Calcul mental CE1.*

Photocopie autorisée pour une classe seulement.

COLORIAGES 39 MAGIQUES

Trouve le résultat ou le nombre correspondant, puis colorie.

ORANGE 60 ou 150	ROUGE 80 ou 200	GRIS 120 ou 250	VERT 140 ou 300
MARRON 180 ou 400	ROSE 220 ou 500	BLEU 240 ou 600	JAUNE 440 ou 1000

Prénom : ....

Date : ....

Que vois-tu sur ce coloriage ?

....

....

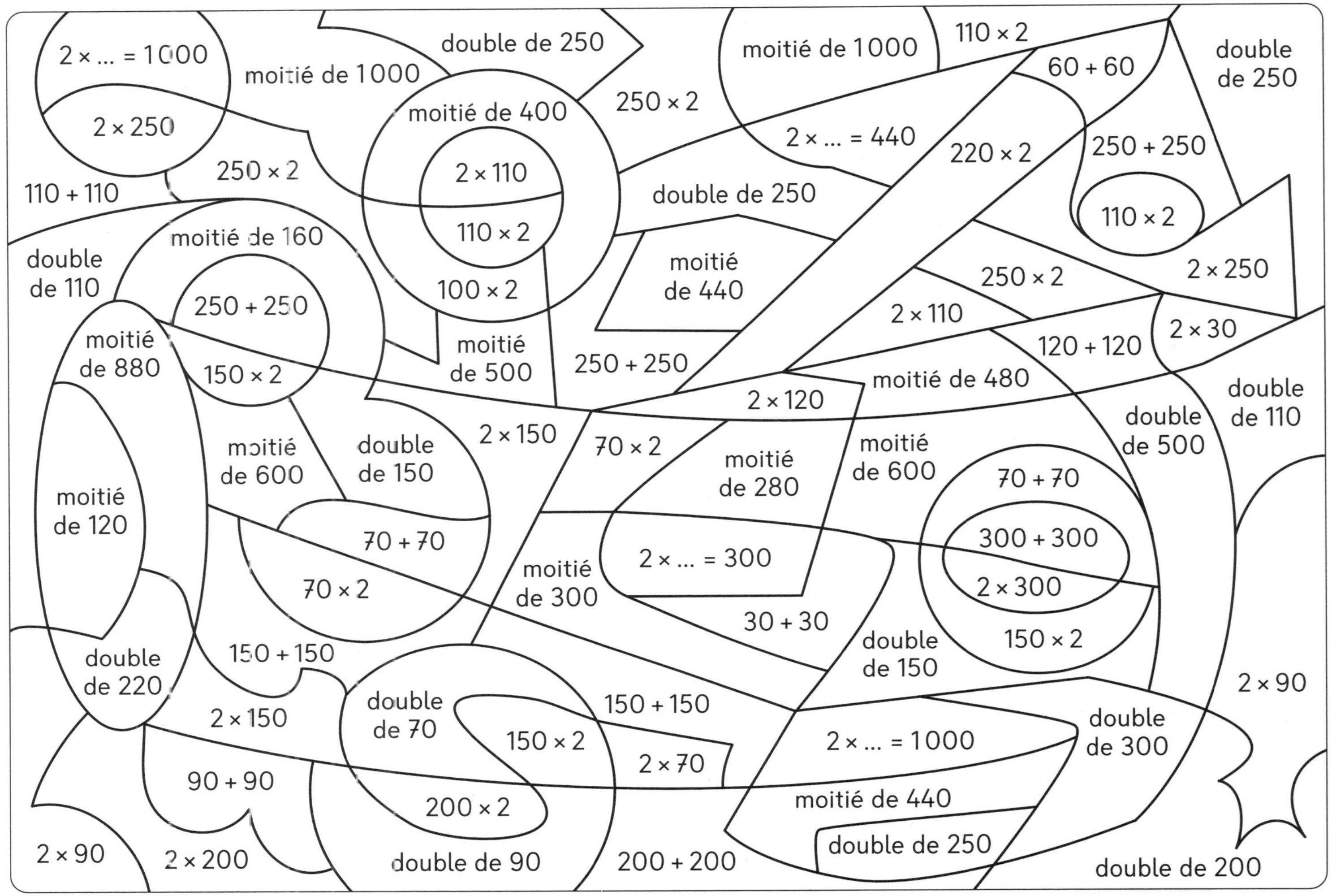

Connaitre des doubles et des moitiés usuels (jusqu'à 1000)

 © MDI, 2024 • *Fichier coloriages magiques, Calcul mental CE1.*

Photocopie autorisée pour une classe seulement.

COLORIAGES 40 MAGIQUES

Prénom : ....

Date : ....

Que vois-tu sur ce coloriage ?

....

....

Identifier le signe manquant dans une opération

APPRÉCIATION

Remplace ★ par le bon signe. Puis colorie.

JAUNE	+

BLEU	−

VERT	×

ROUGE	=

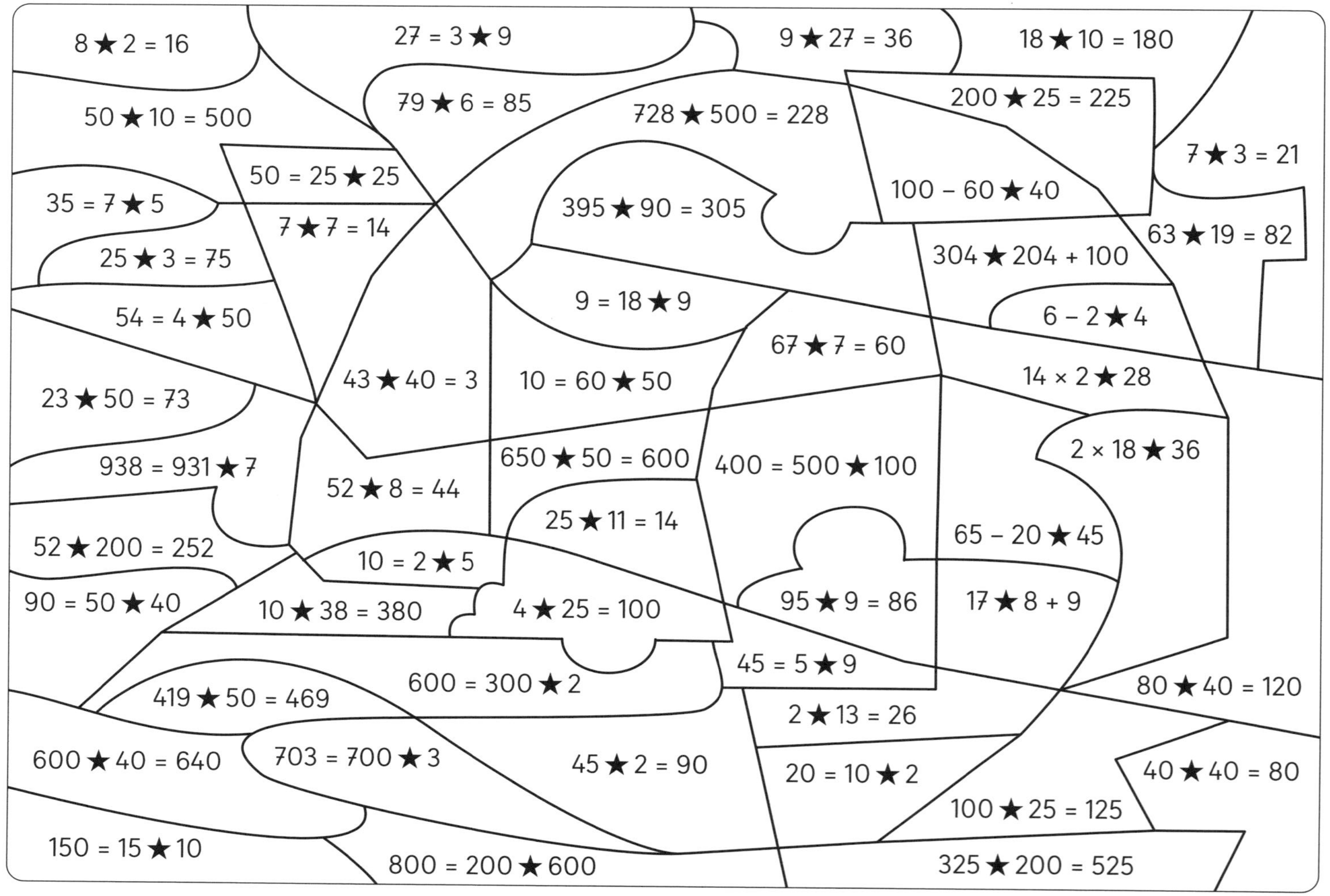

 © MDI, 2024 • *Fichier coloriages magiques, Calcul mental CE1.*

Photocopie autorisée pour une classe seulement.

COLORIAGES MAGIQUES
Joker 1

Prénom : ....

Date : ....

BLEU	
JAUNE	
GRIS	
VERT	
NOIR	
ORANGE	

Que vois-tu sur ce coloriage ?

....

....

....

....

APPRÉCIATION

© MDI, 2024 • *Fichier coloriages magiques, Calcul mental CE1.*
Photocopie autorisée pour une classe seulement.

COLORIAGES MAGIQUES
Joker 2

Prénom : ....

Date : ....

BLEU	
VERT	
JAUNE	
NOIR	
MARRON	
ORANGE	

Que vois-tu sur ce coloriage ?

....

....

....

....

APPRÉCIATION

© MDI, 2024 • *Fichier coloriages magiques, Calcul mental CE1.*

Photocopie autorisée pour une classe seulement.